难忘那些
春天的故事

THOSE SPRINGS THAT LINGER IN MEMORY

口述罗湖 1979／2019 下

政协深圳市罗湖区委员会 编

深圳出版社

图书在版编目（CIP）数据

难忘那些春天的故事：口述罗湖：1979—2019.下 /
政协深圳市罗湖区委员会编 . -- 深圳：深圳出版社，
2023.10

ISBN 978-7-5507-3907-9

Ⅰ . ①难… Ⅱ . ①政… Ⅲ . ①区（城市）—概况—深圳
Ⅳ . ① K926.53

中国国家版本馆 CIP 数据核字 (2023) 第 175230 号

难忘那些春天的故事：口述罗湖 1979—2019·下
NANWANG NAXIE CHUNTIAN DE GUSHI：KOUSHU LUOHU 1979—2019 · XIA

出 品 人　聂雄前
责任编辑　朱丽伟　易晴云
责任校对　彭　佳
责任技编　郑　欢
装帧设计　知行格致

出版发行　深圳出版社
地　　址　深圳市彩田南路海天综合大厦　（518033）
网　　址　www.htph.com.cn
订购电话　0755-83460239（邮购、团购）
设计制作　深圳市知行格致文化传播有限公司
印　　刷　中华商务联合印刷（广东）有限公司
开　　本　787mm×1092mm　1/16
印　　张　20
字　　数　250 千字
版　　次　2023 年 10 月第 1 版
印　　次　2023 年 10 月第 1 次
定　　价　56.00 元

编委会

序言
PREFACE

改革开放如同一声春雷，汇聚起改变中国的磅礴力量。深圳作为我国改革开放的前沿和窗口，浓缩了一部让世人瞩目的中国改革开放历史，记录了中华民族在改革开放和社会主义现代化建设中阔步前进的时代足音。罗湖是深圳改革开放的策源地和特区创业之初的"主战场"，改革开放在这里起步，"春天的故事"在这里唱响，罗湖创造了多个全国"第一"或"率先"，成为"特区精神"的历史源头之一，融入了中国改革开放宏大叙事的历史洪流。

今年是改革开放45周年，45年波澜壮阔的变革，在大时代的转折中书写了恢宏的篇章，也在罗湖人的生活里积淀了深沉的记忆。罗湖之于深圳改革发展史，总有一份别样的光辉——那是梦开始的地方！揭开历史的纱幔，发现时代前行的轨迹，感受东方风来满眼春的历史豪情——新中国土地拍卖"第一槌"、全国第一个"万元户村"、第一个商品房小区、第一家证券交易所、第一家地方商业银行、第一家港资银行……如此多的全国"第一"，以及"三天一层楼"的"深圳速度"，全部诞生于罗湖。

欲知大道，必先为史。文史征编是人民政协履行职能的独特方式，具有"匡史书之误、补档案之缺、辅史学之证"的作用。六届罗湖区政协在罗湖区委的坚强领导下，以全区"先锋精神、奋斗文化"大讨论活动为契机，开展《口述罗湖

（1979—2019）》文史征编，甄选50名罗湖各行各业建设者代表，整理记录了他们作为同行当事人、见证者和知情人对罗湖创造的那些全国"第一"或"率先"，以及改革发展重大事项和历史事件的客观回忆和记叙，重温那些激情燃烧的岁月，面向世界、面向全国、面向大湾区讲好那些发生在罗湖的"春天的故事"，让更多的读者尤其是年轻一代知晓罗湖、热爱深圳，为社会各界奋进新征程提供强大的精神力量。

为时代存照，为伟业聚力。我们坚持以对历史负责的求真态度，征集和抢救了大量"三亲"史料，在"存史、资政、团结、育人"等方面发挥重要作用。我们持续强化精品意识，把发挥政协优势和调动各方面力量结合起来，特邀市内知名专家学者组成专家评审组，从梳理征编线索条目，到确定口述者人选，严把"政治关、史实关、文字关"，使之成为翔实客观、可读性强的"文史资料"。50名口述者中既有全国知名的文艺家，也有普通的一线工程兵；既有为深圳经济社会发展做出重要贡献的老领导和企业家，也有给深圳人留下美好回忆的手艺人、美食家，还有靠打拼实现梦想的基层全国人大代表。既有阳春白雪，又有灶台飘香，宏大与细微相结合，诗意与真情相交融，生动再现了改革开放策源地筚路蓝缕的成长记忆，采英撷华，将罗湖改革发展史进行浓缩和集中呈现。我们注重社会宣传效果，与《深圳特区报》等国内知名媒体合作，引入视听一体化的阅读模式，采取文字影像网络立体化宣传，不少篇目获学习强国、光明网、《人民政协报》等权威媒体平台刊登转载。我们充分发挥政协委员力量，口述者中既有从罗湖走出去或仍扎根罗湖的全国、省、市政协委员，也有历届区政协委员，他们分布在各行各业，讲述奋斗故事，弘扬榜样力量。有的口述者在采访不久便遽然离世，他们留下的文字和影音资料，已成孤本，极为珍贵；有的口述者已近暮年，时间带走了他们的年华，却抹不平他们在时代洪流中掀起的朵朵浪花；还有的口述者仍然坚守在一线，和千万奋斗者一起，立足岗位书写无悔人生。我们把五十期连载文章汇编成册，整理出书，便有了这套《难忘那些春天的故事：口述罗湖（1979–2019）》，这是罗湖区政协成立以来征编、出版的首批文史资料，在此，谨向各合作单位、有关领导以及专家学者表示崇高的敬意和诚挚的感谢！

对历史的最好致敬，是书写新的历史。今天的罗湖正在全力创建"三力三区"，以争先、奉献、担当、卓越的奋进姿态行走在中国式现代化的光辉道路上，期待本书的出版，能够起到重温改革记忆、传承特区精神、凝聚奋进合力的积极作用，为社会各界建功新时代提供强大的精神动力，为建设中华民族现代文明重要窗口做出贡献，激励大家在新的历史起点上，坚持用使命担当开疆拓土、开拓创新，努力创造出令世界刮目相看的新的更大奇迹！

编者

2023 年 9 月

2022 年 4 月 26 日，罗湖区政协正式启动《口述罗湖 (1979–2019)》征编工作，图为柳光敏主席、廖锦文副主席在启动仪式上和口述者代表、专家学者合影

目录
C O N T E N T S

下
Volume II

005　**禹国刚**
新中国第一家证交所在罗湖诞生

017　**胡天池**
深圳戏院承载深圳人独有的文化记忆

029　**陈伟**
新中国首家外资银行分行在罗湖设立

039　**杜小宜**
螺岭外国语实验学校开深圳双语教育先河

053　**王定跃**
让毛棉杜鹃成为"春天的故事"的美丽代言

065　**邸叙然**
"深派小品"从罗湖叫响全国

079　**周立**
"深市第一股"闯出金融改革多项第一

091　**陈国雄**
深圳最早的服装业弄潮儿从罗湖出发

103　**常才智**
让皮影艺术永远扎根罗湖这片沃土

115　**廖国祥**
爱国路花市有深圳人特有的"年味"

127　林志伟

"向西鸡煲"陪伴着一代代罗湖人成长

139　廖翔显

深圳第一所港人子弟学校从罗湖起航

151　孙喜琢

罗湖医改是健康中国一面旗帜

163　廖瑞光

黎围舞麒麟在罗湖薪火相传、熠熠生辉

175　陈祥发

我在罗湖建起全球最大二手车展厅

187　苏六河

以沉香的馥郁芬芳，推动罗湖"香"飘万家

199　卢礼杭

"中国宝都"从罗湖水贝起步

211　缪亚莲

"国民零食"从罗湖生根发芽开枝散叶

223　黄西勤

资产评估行业从罗湖扬帆起航

235　邱浩波

全国首个跨境学童服务中心在罗湖成立

247　**吴雅琴**
"礼"享罗湖见证深圳原创走向世界

261　**翟美卿**
在罗湖首创家居零售超大型仓储式经营模式

273　**陈永福**
罗湖口岸是见证改革开放浪潮的"窗口"

285　**李长兴**
一河水脉融汇深港两地情谊，
深圳河治理凝聚三代人心血

297　**吕平**
全国首个政协委员公益基金在罗湖成立

1979

/

2019

禹国刚

口述时间
2022 年 9 月 22 日

口述地点
口述人位于福田区碧华庭居的家中

禹国刚：新中国第一家
证交所在罗湖诞生

禹国刚

口述者

Yu Guogang

1944 年出生，毕业于西安外国语学院（现西安外国语大学），深圳证券交易所筹备者、创建者之一。曾任深交所第一任副总经理（法定代表人），是深交所早期的理论专家和专家组组长。推动深交所第一个同步实现"四化"——交易电脑化、交收无纸化、通信卫星化、运作无大堂化，使之一跃成为亚太地区乃至世界知名的证券交易所。2018 年 12 月 18 日，被党中央、国务院授予"改革先锋"称号。2020 年 10 月 14 日，当选为"深圳经济特区建立 40 周年创新创业人物和先进模范人物"40 人之一。

1990年12月1日，这一天是周六。我永远记得这一天。

在位于深圳市罗湖区红岭路的深圳证券交易所（简称"深交所"）里，身着"红马甲"的出市代表和身着"蓝马甲"的工作人员坐在各自座位上，紧张地等待着深交所宣布开市。

深交所交易大厅里所有的灯都开着。一切准备就绪。

上午9点整，深交所交易大厅门口，我的老搭档，同为深交所副总经理的王健拽着开业敲钟的绳子，我陪同站在他身旁。随着王健拽动绳子，一声清脆的钟声拉开了崭新的历史帷幕：中国改革开放后第一家按照国际惯例规范化集中交易的证券交易所——深圳证券交易所，在罗湖诞生了。

那一刻，我热泪盈眶。

禹国刚：
新中国第一家证交所在罗湖诞生

举家南下深圳，心里觉得来对了

我 1944 年生在陕南，长在关中。1964 年以考区第一名的成绩考入西安外国语学院（现西安外国语大学），在校 6 年，专业从俄语转到日语，1970 年毕业参加工作。

来到深圳之前，我在铜川矿务局办过矿工报，之后相继在兵工厂、飞机制造厂、制药厂工作过。

一个偶然的机会，我的一个广东亲戚写信给我，劝我来深圳。当时，我已过而立之年，而且 58.5 元的月工资在陕西也算是较高水平。但是他的一句话打动了我。他说你别看现在的深圳还很"荒凉"，但是它未来会大有发展。

1981 年的春节假期，我们一家人来到了深圳。从深圳火车站走出来，一路看去，当时的罗湖区连三层高的小楼都很少，到处是田地和水沟。深南路弯弯曲曲，坎坷不平，最宽处也只能让两辆解放牌大卡车勉强通行。

到了过年那几天，小孩子在院子里玩，一开始还穿着毛衣，玩到热的时候，连毛衣都脱了，就穿个 T 恤衫到处跑。深圳对我来说最好的一点就是冬天不冷，我希望孩子在这里念书，不要再冻手冻脚了。

当时深圳热火朝天的建设场面也深深感染了我。我在心底认为：这地方好！来对了！

成为新中国第一批选派到日本学习证券的留学生

我来到深圳以后的第一个工作单位叫爱华电子公司，它是电子工业部在深圳的第一家公司，也是当时深圳的一家大型国企，我在公司任党委秘书兼日语翻译。

离开校园的十余年里，我一直坚持学习日语。来到深圳后，更是出于对知识的追求，广泛阅读。深圳毗邻香港，我得以接触到很多金融方面的书。我当时并没有期望有一天这些知识能派上用场，然而机会总是垂青于有准备的人。

1983 年，由中日友好团体出面，在中国招考两名懂得日语、兼通金融的青年人去日本学习证券和证券交易。我考取了其中一个名额，成为改革开放后第一批被选派到日本学习金融证券的留学生之一。

1984 年春天，禹国刚（左一）
在东京交易所学习

1983 年，我们踏上了日本东京的土地，开始了留学生活。1984 年，日本《朝日新闻》知道了我们前来求学的消息，表达了采访意愿。我在得到上级批准之后接受了他们的采访。当时日本记者问我，你觉得学了证券和证券交易，回去能用得上吗？我答，学习证券业务，不会白学的。

1984 年我学成回国了。回国伊始，我回到爱华电子公司，担任经理。

令我没想到的是，当初我人还在日本时，香港、深圳等地的媒体，甚至《参考消息》都对《朝日新闻》的那篇报道进行了转载。虽然我回到深圳后，暂时由于客观环境而学非所用，但是很快就有了学以致用的机会。不久之后，我从爱华电子公司调到中国银行深圳分行的国际信托公司，后来又在分行金融调研处担任副处长。

深交所先行先试率先开始集中交易

1986 年，深圳市政府颁布《深圳经济特区国营企业股份化试点暂行规定》。1988 年 6 至 9 月，深圳举办了第一批资本市场培训班。

1988 年 11 月，深圳资本市场领导小组成立，我从中国银行深圳分行调出，开始担任深圳资本市场领导小组下面的专家小组组长。

一开始专家小组就在我家的客厅里面办公，我们几个人研究如何开展好工作。后来我从中国银行深圳分行家属院借了一套地下室作为办公室，还借了锅碗瓢盆，于是这个地下室也成了食堂。我们办公用的桌、椅、板凳，也是向中国银行深圳分行借的。我们从武汉大学借来的几个研究生就住在这个地下室。

为了筹办深交所，从1988年开始的一年多里，我们专家小组移植借鉴境外相关的法律法规，光翻译的境外的公司法、证券法、投资者保护法、会计制度、证券交易所各项业务规则等英文资料就有200多万字，写成对应的中文法规规章也有30多万字。这些成果最终汇总成一部规则大全——《深圳证券交易所筹建资料汇编》，因封面为蓝色简称"蓝皮书"，它成为打造深交所的"蓝图"。

1989年11月15日，深圳市政府下达了《关于同意成立深圳证券交易所的批复》，并指定我和王健主持深交所筹建工作。

1990年1月，深圳证券交易所筹备小组在位于罗湖区的国贸大厦3楼正式挂牌办公。8月22日，我和王健被深圳市政府任命为深交所副总经理，先是王健主持工作，后来又轮到我主持工作。

1990年7月，深圳证券交易中心交易员培训留影

那时候，社会上对证券交易所仍存在反对声音。但面对股票"黑市交易"等问题，我们认为深交所必须尽早开业。在市委领导支持下，1990 年 12 月 1 日，深交所率先开始集中交易。

于是，新中国证券市场的第一声交易钟声在位于罗湖区深圳国际信托大厦 15 楼的深圳证券交易所大厅敲响。穿着"红马甲"和"蓝马甲"的工作人员迅速投入工作，深交所就这样诞生了。

首日只开了半天市。从上午 9 点开市，到中午 12 点收市，一共有 5 笔交易——安达股票成交了 8000 股。

深圳证券交易所既是新中国第一家集中交易的证券交易所，也是第一家按照国际惯例规范化操作的证券交易所。

它诞生在罗湖，揭开了中国资本市场发展的辉煌篇章。

深圳证券交易所率先开始集中交易，就是深圳进行的大胆的探索。现在想起来，当时整个开业过程很不容易。必须"摸着石头过河"，没有任何退路可言。后来交易非常顺利，我们悬着的心终于放下来了。

1990 年 12 月 1 日，深交所率先开始集中交易。图中左一为禹国刚（资料图片）

深交所的创建无论从罗湖、深圳还是全国金融改革开放的角度来说，都具有里程碑意义。我认为，深圳的高速发展以及城市地位的巩固，离不开金融产业的带动。从某种意义上说，没有深圳资本市场的发展，就没有深圳的今天。

与深交所同人共同努力开创"四化"

在改革开放大潮中，在各级政府的领导和各方力量支持下，我带领团队共同创建了深交所。1990 年至 1995 年，我任深圳证券交易所副总经理。在 1992 年至 1993 年任法定代表人主持工作期间，制订并实施深交所的"四化"发展规划，即交易电脑化、交收无纸化、通信卫星化、运作无大堂化，使深交所在这一领域保持着世界一流水平，处于领先地位。

1992 年 2 月 25 日，我们全面实现了交收无纸化。也就是使用电子记账，没有股票这一张纸了。早在 1988 年 11 月我们翻译海外证券市场英文资料时，就已经知道新加坡证券交易所发明了交收无纸化这一现代化的交收模式。假如我们还用实物股票这张纸，那么当时深、沪两个交易所 3000 多只股票，每天光股票的真伪都没法辨别。深交所成立之初就如同一张白纸，可以写最新最美的文字，画最新最美的图画。于是我们把新加坡证交所发明的这一交收模式拿来使用了，实现了跳跃式发展。

1993 年深交所实现了运作无大堂化。我们通过大型计算机网络和卫星通信系统，把深圳几十家证券部和全国各地的证券商全部跟深交所联网，这样证券部就不需要再派"红马甲"进驻交易所，而是从证券部直接报盘进入深交所自动撮合系统，自动成交。

1993 年 4 月 13 日，深交所发明创造的证券卫星通信系统开始传播股市行情和成交回报。更新后的卫星通信系统具有双向传递行情、成交回报和委托报盘三种功能。通信卫星化以后，不管你是在云贵高原、青藏高原还是全球其他地方，都可以和深交所联网，进行安全、高效、低成本的股票集中交易。

1993 年 7 月 30 日，深交所 TANDEM 大型计算机网络自动撮合交易系统正式推出，我们断然摒弃了传统的交易模式，逐渐实现了交易电脑化。

这"四化"发挥了巨大的技术支撑作用，使深交所成为 2010 年和 2017 年全球 IPO（首次公开募股）融资金额名列第一的资本市场。在我主持深交所工作期间，深交所同人共同努力开创的这"四化"是中国人的光荣，是大家的功劳，也是深圳无数创新故事中的一个缩影。

1995 年，我从深交所法定代表人的岗位上退下来，转入国内外股市发展趋势研究，2000 年上调到中国证监会政策研究室工作。

被授予"改革先锋"称号

我碰到了一个好的时期，碰到了改革开放，来到了作为中国改革开放试验田和窗口的深圳经济特区，又碰到了许多有魄力、有担当的领导，能够使我将所学的知识奉献给国家。

2018 年 12 月 18 日，在人民大会堂举行的庆祝改革开放 40 周年大会上，党中央、国务院表彰了 100 名"改革先锋"，我是其中之一，被评价为"资本市场发展的实践者"。中国证监会也发来了贺信。其实，这个荣誉不仅属于我个人，更是属于中国资本市场。有千千万万的人，为打造中国资本市场付出了努力，做出了贡献，我只是其中的一个代表，做了应做的事，尽了该尽的力。

罗湖是深圳改革开放策源地，深圳证券交易所也诞生在罗湖。我这辈子最高兴的，就是能在时代的际遇里，在罗湖这片热土上奋斗拼搏，为创建深交所和深交所的发展付出了个人的小小力量。

今天，罗湖区正在抢抓"双区"驱动、"双区"叠加、"双改"示范等重大战略机遇，高质量建设"湾区枢纽、万象罗湖"。衷心祝愿罗湖在新时代发展得越来越好，为续写更多"春天的故事"贡献罗湖新篇章。

胡天池

口述时间
2022 年 9 月 22 日

口述地点
深圳戏院

胡天池

口述者

Hu Tianchi

1965 年出生，新疆昌吉人。1998 年应聘成为深圳
戏院经营部物业管理人员，至今已在深圳戏院工作
24 年，见证深圳戏院的跨时代发展，现为深圳戏
院副总经理。

　　我是一个来自新疆昌吉的"大漠小伙"，1988 年我来到深圳探亲，还记得当时载客的大巴车停在了上海宾馆，下车后我好奇地左看右看，指着不远处的高楼问道："这就是著名的国贸大厦吗？"同行的朋友被我的问题逗笑，回答说："国贸大厦在罗湖，还要往'市区'里面走，比这栋楼更高哩。"那是我第一次踏上深圳这片土地，这里的繁华和人们的友好让我眼前一亮，因此毅然决然地留在深圳发展。

　　深圳戏院是深圳人看戏的"金字招牌"，也是我关于深圳的职业记忆中占比最大的一部分。从 1998 年至今，我在深圳戏院工作已有 24 个年头，它是我在深圳最熟悉的地点。它在 1960 年 3 月 5 日正式落成开业，是当时宝安县唯一一个既能举办大型演出又能放映电影的剧场。作为文化宣传的重要桥头堡，马思聪、马师曾、红线女等艺术家都在深圳戏院演出过，很多华侨和香港同胞都来这里一饱眼福。

胡天池：
深圳戏院承载深圳人独有的文化记忆

　　"全国第一家有空调的戏院""拥有深圳第一（钢）琴""深圳第一家文化艺术场馆"……一连串"第一"书写着深圳戏院的光荣和骄傲。开业 62 年来，深圳戏院好戏连台，承载着无数深圳人独有的文化记忆，见证了改革开放以来特区经济文化事业发展的全过程。它不仅繁荣了深圳的文艺舞台，更丰富了深圳人民的精神文化生活。

成立于 1960 年的深圳戏院是原宝安县唯一一个既能举办大型演出又能放映电影的剧场
（何煌友　摄影）

看戏是当时"既奢侈又难得"的精神食粮，毛遂自荐成为戏院员工

20 世纪 80 年代我刚来深圳，那时候还不像现在有这么丰富的娱乐生活。罗湖东门步行街是逛街购物的首选，而来坐落在东门步行街区西南入口的深圳戏院看戏、看电影，则是那时深圳人既奢侈又难得的精神食粮。我当时还在深圳市图章工艺公司工作，深圳戏院成了酷爱文艺的我周末休闲好去处。

还记得我在这里看的第一场电影是《妈妈再爱我一次》。当时我一个月工资 80 多元，看场电影就要花 2 元，有时候买不到票还要从"黄牛"那里花 3 元钱买。不得不说，这是一种"很贵但是很值得"的体验。每次来到深圳戏院，我都有一个强烈念头：如果我能来深圳戏院工作，既能有更多的机会看演出看电影，又能在喜欢的工作中实现人生价值，那该有多好！从那时候起，到深圳戏院工作的心愿便深深埋在了我的心里。

1994 年，深圳戏院进行升级重建。经过 3 年时间，在 1997年 9 月迎来了蜕变焕新、重新开业的时刻。新建成的深圳戏院俨然成为一座新型大厦，有着粉色醒目外表的同时，也集文化

20 世纪 90 年代初的深圳戏院
（深圳戏院供图）

1997年，新建成的深圳戏院俨然成为一座新型大厦（深圳戏院供图）

与商业为一体，功能齐全、设施一流——有可容纳700多个观众席位的影剧院，还有配备一流音响的多功能厅，可以放映电影、举行音乐会、上演舞台剧……重新开业的时候，辽宁省歌剧院的大型歌剧《苍原》、湖北省京剧团优秀传统剧目《徐九经升官记》等都在深圳戏院精彩上演，深圳及周边的人都赶来享受这一场场视听盛宴。

1998年，我终于按捺不住多年的心愿，拿着简历走进深圳戏院办公大楼，向工作人员与领导极力自我推荐。经过毛遂自荐和戏院的入职考验，我终于成了深圳戏院经营部的一名物业管理人员，如愿以偿开始了在深圳戏院的奋斗时光。

《泰坦尼克号》火遍深圳，起早贪黑连续两个月每月为戏院盈利十多万元

多年心愿达成，我也将全部精力都奉献给了戏院。

刚入职一个多月，初来乍到的我便赶上电影《泰坦尼克号》

火热上映。当时来戏院观影的观众特别多，戏院为了方便观众购票，还特意在大厦门前搭建了一个铁皮房当作"临时售票处"。深圳及周边东莞、惠州等地的市民都赶来看这部"国际大片"。每天早上天蒙蒙亮，就有人守在门口排队了，购票窗前排起长长的队伍，排队人群围着大厦转了一圈，一眼看不到队尾。我清晰地记得，当时《泰坦尼克号》一张电影票是50元，买票需要排好几小时的队。即使是这样，仍阻挡不了市民观影的热情，出现一票难求的火热场景。

在那段日子里，我负责售卖《泰坦尼克号》电影衍生品，包括泰坦尼克号的模型、T恤衫、扑克牌、电话卡等等。因为电影火爆，电影衍生品有很多人抢着买，我每天都铆足了干劲，早上八点上班，深夜两点下班，一天下来腿都站麻了。这样忙碌的工作足足持续了近2个月，算下来每月能给戏院盈利十多万元！大概占了当时戏院每月收入的15%。现在回忆起来依然有兴奋的感觉，那段日子虽然工作特别累，但是很充实、很快乐。

改革开放点燃了创新之火，深圳的名气也在国内外越来越大，中央和地方各省市的文艺团体及不少外国文艺团队和知名艺术家纷至沓来。我入职之后，有许许多多的演出都令我印象深刻，例如广西柳州歌舞团演出的《白莲》，演员阵容多达60人；还有中国木偶剧团带来的《木偶奇遇记》，连演一周，场场坐满，受到小朋友热烈追捧；还有让深圳和港澳戏曲爱好者共赏的"南国红豆"的一场场粤剧演出……演出前售罄的门票、演出时热烈的掌声，都是对演出以及深圳戏院最好的肯定。

经历两次经营制度革新，
"以戏立院"传承发扬优秀传统文化

2000年后，深圳戏院经过了两次经营制度的革新。2007年，深圳戏院进行文化体制改革，由事业单位转为了国企。为此戏院花了一段时间调整，去接受和认同自负盈亏的"企业身份"，并不断尝试与市场接轨，实现经济效益与社会效益双赢。

2011年，深圳戏院抓住市场机遇进行影厅升级改造——打造了1个剧场、6个影厅的"影剧院模式"，开启了戏院"80%以上收入为电影收入"的时代。在那之后，深圳戏院见证并亲历了影视行业的爆发式增长，市场逐渐拓宽，影片数量剧增，票房数据上扬。2015年左右，中国电影业迎来发展鼎盛期，深圳戏院以电影票房为主的经营模式也一直持续到了2015年。这之后，受随之而来的深圳电影院银幕数量剧增等因素影响，深圳戏院曾经的一些优势渐渐消失。2016年，戏院的影院收入也开始逐渐下滑。

2017年底，深圳市深化国有文艺院团体制改革开启，由国资系统委托市文体旅游局（现市文化广电旅游体育局）进行管理，通过建立委托管理的新模式和人事管理、人才引进、绩效考核、业绩激励的新机制，建设新型院团，以改革激发活力。在此背景下，深圳戏院明确"以戏立院"的发展方向，以"剧场运营"为主体，以"演出业务"和"影视业务"为辅，在发展多元演出形式的语境下深耕经典曲艺和传统文化的传承传播，常年举办各类大型惠民公益文化活动，承担传承和发展中华优秀传统文化的社会责任。

令人欣慰的是，深圳人对看戏的热情并没有随着时代发展而削减。在惠民演出派票之前，经常会有市民观众会提前一天晚上就来戏院排队，正式派票后，往往不到一小时票就都派完了，反响十分热烈。

虽然再一次经历改革，但是深圳戏院自负盈亏的企业性质没有改变，原先"以影院业务反哺公益惠民演出"的业务模式很难再满足经营需求。于是，深圳戏院另辟蹊径，组织策划了"深圳市戏曲名剧名家展演""我们的节日——深戏民乐演出季""少儿演出季""粤剧在周末""深圳市中老年歌手大赛""深圳市戏曲进校园""戏曲早茶"等一系列公益、惠民活动，并策划了京剧、昆曲、豫剧、黄梅戏、评剧、川剧等戏曲演出及推广活动，年均策划演出近200场，推出了"戏播"线上直播平台。自2019年"戏播"线上直播平台开播以来，合计直播场次150余场，各类演出活动线上累计观众达1800万人次，为中华优秀传统文化发展做出了积极贡献。

2019年4月，深圳戏院民族乐团成立，是目前深圳市内规模较大、艺术较完备的综合性民族音乐表演团体。成立以来，民族乐团以弘扬中国传统民族音乐为宗旨，已推出多场节日专场民乐音乐会，以独奏、合奏形式，用中国传统乐器演奏中国传统音乐，为市民勾勒出了一幅又一幅中国风十足的美丽画卷。

每年为近6万市民提供惠民演出，让深圳人提起看戏首选深圳戏院

罗湖弘扬先锋精神、奋斗文化，这对于诞生并扎根于罗湖这片奋斗热土的深圳戏院来说，是一种强大的鼓励与鞭策。回

顾这些年，在推陈出新的路上，深圳戏院一直马不停蹄。原创舞剧《深 AI 你》就是戏院的新尝试之一。2021 年底，深圳戏院以执行单位身份进行创排制作《深 AI 你》，已在 2022 年 7 月下旬举办了 3 场试演，计划在 12 月底举办首演。作为国内首部从未来新"生态"视角思考人与 AI（人工智能）关系的当代舞剧，它将场景设置在深圳这座"未来之城"，充分运用机器人、裸眼 3D、高科技屏幕等科技元素，为观众呈现在人工智能这个既新且远的场景中，人类与 AI 互动相处会构建什么样的未来，寻找出"人类之所以为人类"的走心答案。

令我们十分高兴的是，最近中国舞蹈家协会发布的第十三届中国舞蹈"荷花奖"舞剧入围终评结果中，《深 AI 你》榜上有名，入围了"荷花奖"舞剧终评。

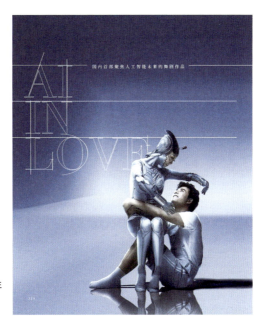

原创舞剧《深 AI 你》于 2022 年
12 月底首演（深圳戏院供图）

62 年坚守，深圳戏院见证了太多深圳文化发展与变迁。一甲子的时光流淌过去，深圳戏院的演出仍在继续，成为深圳人看戏的文化记忆。如今，深圳戏院每年为近 6 万市民提供各类惠民演出、公益演出、公益电影，已成为深圳文化传播的窗口，让深圳人一提起看戏，首先想到的就是深圳戏院。

中华民族传统文化是拥有无限魅力的宝藏，发掘、弘扬、创新传统文化，我们使命在肩。下一步，深圳戏院会继续做好"以戏立院"主业，继续办好"深圳市戏曲名剧名家展演""我们的节日——深戏民乐演出季""粤剧在周末""深圳市戏曲进校园""戏曲早茶"等传统文化推广活动，让戏曲、民乐等更多中华优秀传统文化艺术呈现在舞台上。也希望在推出原创舞剧《深 AI 你》之后，继续推出更多优秀的舞台创作作品，以艺术形式讲好中国故事、深圳故事、罗湖故事。

陈 伟

口述时间
2022 年 9 月 30 日

口述地点
南洋商业银行（中国）有限公司深圳分行

陈伟：新中国首家外资
银行分行在罗湖设立

口 述 者

陈伟

Chen Wei

中国香港人，南洋商业银行（中国）有限公司副总
裁兼深圳分行行长。1988年加入南洋商业银行，
多年来一直从事香港与内地跨境业务，见证了两地
金融融合发展。

"

　　1982 年 1 月 9 日，在距离罗湖口岸不远的华侨旅行社一间小卖部里，南洋商业银行深圳分行宣告成立。这是新中国成立以来，外资银行在内地设立的第一家分行。到 2022 年正好是 40 年，意义非凡。

　　40 年间，南洋商业银行（简称"南商"）紧跟中国改革开放步伐，以深圳罗湖为起点，从沿海扩展至内陆腹地。如今，南商在内地共有 16 家分行、38 个分支机构，资产规模达到 6000 亿港币。南商创造的"发行内地第一张信用卡""办理内地第一笔按揭贷款"等诸多"全国第一"，深深影响了中国金融业的发展。

"

陈伟：
新中国首家外资银行分行在罗湖设立

首次开业当天，南商升起香江第一面五星红旗

提起南商，很多人首先会想到它的创办人——著名爱国华侨庄世平先生。

庄先生年轻时，正值抗日战争。他辗转泰国、新加坡等地，组织号召华侨向国内捐款捐物，积极支持抗日救亡运动。庄先生预感到新中国成立后，西方国家将进行经济封锁，因此必须要在香港成立一家自己的银行。1949 年 12 月 14 日，庄先生以 1 万美元、18 名员工为起点，在香港创立南洋商业银行。开业当天，南商升起香江第一面五星红旗，旗帜鲜明地支持祖国。

正如庄先生预料，西方国家果然对新中国进行了全方位围堵。南商成立华侨服务部，通过吸收大量华侨资金，为新中国提供发展经济所急需的可贵外汇资金。此后，在很长一段时间里，南商在香港壮大自身的同时，积极发挥着连通内地与港澳及海外的桥梁纽带作用，将海外资金源源不断地输往内地，支持祖国建设。

1980 年，深圳经济特区建立，庄先生立即申请在深圳设立南商分行。这件事情如今看起来很寻常，当时却极不容易。那

南洋商业银行深圳分行最初设立
在离罗湖口岸不远的华侨旅行社
（资料图片）

时深圳经济特区各个部门还在组建和完善中，水、电、通信、
道路等基础设施仍在起步阶段。如何设立一家外资银行分行？
大家都没有经验。庄先生亲自往中央、省、市跑，将手续一一
办下来。由于当时食品仍需按户口供应，而筹办深圳分行的员
工多是香港人，没有深圳户口。大家抱着一定要把这家银行办
起来的信念，背着米、提着油过海关，自己生火做饭。后来，
员工们还因地制宜，在银行后面的院子里开辟了一片菜园，解
决了吃菜的问题。

　　1982年1月9日，南洋商业银行深圳分行在罗湖成立，这
是深圳经济特区乃至中国改革开放事业中的一件大事，点燃了
外资银行在中国投资兴业的第一颗火种，标志着内地银行业正
式启动开放之门。1983年，南商蛇口支行成立；同年，南商
在罗湖建设路与嘉宾路交会处，修建了当时在内地的总部大
楼——南洋大厦，这是内地最早的玻璃幕墙大楼，是当时的地
标性建筑。如今，这里是南商深圳分行嘉宾支行。

成功办理内地第一笔按揭贷款，引领众多实体经济跨过罗湖桥投资内地

虽然当时营业场所只是由一间小卖部重新装修而成，但是南商深圳分行一开业，便引起很大的轰动。它采用许多与内地银行全然不同的新做法，令人耳目一新。例如，实行电脑存款、采用叫号服务、为客户提供保险箱服务……这些做法都曾经创下了"内地首次"，随后逐步在各地推广。当时，很多深圳本地居民，纷纷前来参观"看新鲜"。

按揭贷款，这个如今老百姓购房最常用的贷款模式，就是从南商深圳分行最先开始的。当时，深圳经济特区刚刚建立，百废待兴，缺少建设资金。庄世平先生向深圳市政府建议可以"用地换钱"，将土地转换为资金。1981年，在庄先生牵线下，深圳经济特区房地产公司与香港妙丽集团合作，由深圳出地、妙丽集团出钱，在罗湖区共同开发新中国第一个准商品房小区——东湖丽苑。这种商品房小区当时被称为"外销楼"，主要卖给香港人或者华侨。庄先生与妙丽集团谈妥，南商把在香港业已成熟的按揭模式引入深圳。项目合同刚签，东湖丽苑即在香港预售，被一抢而空，南商深圳分行由此成功办理内地第一笔按揭贷款。如今看来，办理这种按揭贷款并不复杂，但对当时的深圳乃至整个内地，产生了深远的示范意义。

南商还率先将国际银团贷款引入内地，成功促成多项合作。其中，最令人津津乐道的，是促成内地第一宗称得上大型的贷款项目——上海静安希尔顿酒店项目贷款，当时有29家国际银行加入，共贷款约1亿美元。此外，南商单独或牵头组织银团贷款支持兴建北京和平饭店、广东浮法玻璃厂、北京长城缆车

系统、天津大轮胎厂、天津王朝葡萄酒厂等重大项目。在南商引领下，众多实体经济跨过罗湖桥，为深圳经济特区乃至整个内地的发展建设带来了大量资金。

紧跟改革开放步伐，继深圳之后，南商先后在海口、广州、大连、北京等城市设立分行，几乎都是当地第一家外资银行分行。在南商示范带动下，其他外资银行也跟着纷纷进入内地，进而促使内地金融体系不断健全与完善。最宝贵的是，通过与南商合作，许多金融新产品、新服务、新模式在内地落地开花，一些地区逐渐摆脱过去单纯依赖财政拨款的方式，建立起现代融资的概念。

不忘在罗湖创业时的初心，继续搭起中国与世界沟通的金融桥梁

20 世纪 80 年代，我在香港读大学期间，就对在内地投资兴业、人民币存款等非常有兴趣，希望将来也能为祖国建设贡献一份力量。当时在香港，南商是我了解内地的唯一渠道。1988 年大学毕业后，我便加入了南商香港母行，进入由当初华侨服务部改设的、香港银行界设立的首个内地业务机构部门——中国投资咨询部，负责两地跨境业务。

2007 年，南洋商业银行（中国）有限公司成立，南商在内地的分行改制成为法人银行；2016 年，南商加入中国信达资产管理公司，成为其旗下全资子公司。2019 年，我有幸从香港调入深圳，成为南商深圳分行行长。近年来，南商迎来诸多重大发展机遇，对我个人而言，也是巨大的机遇与挑战。

2019 年 2 月，《粤港澳大湾区发展规划纲要》发布，其中

如今的南洋商业银行（中国）有限公司深圳分行（资料图片）

提出跨境金融加速互联互通。南商对于这一重大国家战略高度重视，迅速成立了粤港澳大湾区办公室，制订推行"粤港澳大湾区业务一体化方案"，通过优化网点布局，将南商在深圳、广州、东莞、珠海、佛山等大湾区内的分支机构协同起来，把整体业务推上更高的层次。下一步，南商将充分发挥长期以来累积的跨境服务优势，围绕基础设施建设、高端制造业、新产业发展、供应链物流等，创新服务理念，助力粤港澳大湾区发展。

2021 年 10 月，作为首批获准开展跨境理财通业务的试点银行之一，南商上线推出"跨境理财通"服务，与香港母行紧密协作，在跨境理财通业务框架下为粤港澳大湾区个人投资者提供 400 余款产品。该业务正式落地实施的首月，"南向通"及"北向通"累计签约破 200 户，累计汇划资金破千万元，在深圳地区外资银行中排名第一，并得到本地监管机构的高度认可。

庄先生一生对祖国、对深圳经济特区用情至深。作为一家由庄先生亲手创办的银行，爱国也是南商的鲜明品格。成立70多年来，南商始终紧跟祖国的发展步伐，与深圳经济特区同呼吸、共命运，在中国金融发展史上留下了浓墨重彩的一笔。未来，南商将不忘在罗湖创业时的初心，把握机遇、做强特色，继续搭起中国与世界沟通的金融桥梁。

杜小宜

口述时间
2022 年 10 月 16 日

口述地点
深圳市螺岭外国语实验学校

口述者

杜小宜

Du Xiaoyi

1960年出生，广东紫金人。深圳市螺岭教育集团原总校长，螺岭外国语实验学校原校长。广东省英语特级教师，南粤优秀教师，全国、广东省、深圳市名校长。深圳市地方级领军人才、享受政府津贴专家。深圳市第二、三、四、五届人大代表。2020年4月退休。

"

　　在我看来，一所学校的历史是其发展轨迹的真实记录和独特经验。遥想当年，在改革开放春风吹拂下，深圳市螺岭外国语实验学校的前身——深圳第三小学在 1981 年成立，这所学校也是深圳市首批创办的小学之一。

"

杜小宜：
螺岭外国语实验学校开深圳双语教育先河

　　根据资料，当时学校仅有 12 个班级，共 500 余名学生。1984 年，深圳第三小学更名为深圳市螺岭小学，现在大家口中"螺岭"的简称就是从这时开始的。略显单薄的校舍、不算齐全的教具……属于"螺岭人"的故事悄然开始书写。在首任校长叶仕福等几位老校长、老前辈的带领下，螺岭小学逐渐步入正轨，走上发展"快车道"，并在市、区内享有一定的知名度。

1981 年，深圳市螺岭外国语实验学校的前身 —— 深圳第三小学在罗湖成立（深圳市螺岭外国语实验学校供图）

1984年，深圳第三小学更名为深圳市螺岭小学（深圳市螺岭外国语实验学校供图）

螺岭小学华丽升级为外国语实验学校，双语教学带动学校发展

　　我与"螺岭"的缘分始于1995年。那时学校还叫螺岭小学，这个年份对于学校和我而言都很特别。1995年，螺岭小学时任校长张希怀在校内导入"CI战略（学校形象战略）"，施行"因材教育"等一系列影响深远的教育计划，同年学校开始正式推行双语教学实验。

　　这一年，我在学校任教导处副主任一职，见证并参与了"CI战略"实施和双语教学的推行。学校推出"合格＋特长"学生培养模式，在学生基础课程都必须合格的前提条件下，积极开发个人兴趣特长。这在1995年还是非常创新的提法，受到了社会的广泛关注。

此外，我们在学校的每个年级抽出一个行政班开展中英文双语教学，促使学生的英语能力快速提升，学校由此逐步在省内外打响名号。从这一年开始，"螺岭人"的精神开始在大家心中萌发，我也立志要在罗湖教育界干出一番事业，为深圳经济特区的发展培养出一批批优秀学子。

2001 年，我走上了螺岭小学校长岗位，肩负起"螺岭"发展的重任，开始了"新世纪因材发展教育"探索，提出"全面推进素质教育，创建学生自主发展特色的现代名牌学校"办学目标。以培养有个性、有特长、会创造、能自主的"五美六会"新世纪建设人才为目标，学校发展进入新的阶段。

2002 年，螺岭小学与原海丽小学合并，成为罗湖区教育改革的试点校区。合并重组使教育资源达到最优化，学校开始拥有两大校区，同时吸收海丽小学"少年军校""双语教育"等原有办学特色，使学校办学实力更强、办学之路更宽、发展更有后劲。

在经历螺岭、海丽两校合并后，2003 年，螺岭小学校本部开始重建。这期间全校师生克服困难，一半师生前往原海丽小学校区上课，另一半师生在校本部东侧教学楼上课。

2004 年，螺岭小学正式更名为深圳市螺岭外国语实验学校。后来我们将校训定为："志存高远，海纳百川。"因为深圳人来自五湖四海，同时我们一致认为要培养具有民族自信、具有文化自信、放眼世界的学生。

当时更名的背后还有一段令我至今记忆犹新的故事。那几年间，学校的双语实验班备受学生家长欢迎，教学成绩全市闻名，学位一度"供不应求"。当时我们想，为什么不办成一所外国语实验学校呢？在上级部门的协助下，我跑遍了深圳市教育局的相关部门处室，一遍遍向领导们诉说为何想更名、我们想怎么做。深圳市螺岭外国语实验学校由此成为罗湖区首个在全校范围内推广双语教学的学校，翻开了发展的新一页。

2004年还有件大事，我们学校信息科组教师首创了无纸化教务办公系统，使得教师们日常办公更高效环保。随后无纸化教务办公系统在罗湖全区教育系统全面推开。

推行生活英语，构建提升学生综合素质的生活化课堂和课程

在2001年担任校长之初，我就在思考如何更好地构建学校的整体发展模式，慢慢地形成"在生活中体验，在创造中发展"的新办学理念。秉承着"在爱中行走"的教育追求以及新办学理念，我们确立了"双语生活教育"模式，并推出"生活化"的课堂模式。

2007年，学校以英语学科为突破口，提出了"让英语回归生活"的课堂理念，并尝试对英语学科课程实行跨学科融合。一直以来，传统教学由于分科教学逐渐形成了"学科壁垒"，就像存在于各学科之间独门独户的"小院子"，极大地影响了学生综合素养的提升。我们在逐步探索中认识到，只有生活才能把各学科内容整合起来。于是螺岭的学科课程便以生活为纽带，把各学科的内容融合起来，构建"完整的课程"。生活化的课程必然产生生活化的课堂，各学科教师将课堂教学与实际生活紧密联系，充分发掘教材内容中与生活相关的元素，并随时、随事、随地做到"教学做合一"。

如以"春天的故事"课程主题为例，语文、科学、音乐、体育等学科都尝试从自身的角度去融汇其他课程内容。在音乐课上，学生可以鉴赏有关春天的歌曲；在体育课上，学生学习适宜春天进行的身体锻炼；美术课上，老师带孩子们观赏春天的万物复苏，描绘"浅草才能没马蹄"的游春情趣；科学课上，孩子们观察从种子入土到胚芽吐露的"春之过程"……将一个主题作为一个年级性、系列性的活动，让孩子们利用各学科的知识，去认识自然、认识社会、认识自己。

除此之外，我们也用多种方式开发学生的英语综合能力。作为外国语学校，我们根据学生的兴趣和认知特点，从一年级到六年级分别开发了英文绘本分级阅读课程，包括"我来读""我表演""亲子场""大家谈"等等，让学生与家长尽情感受绘本趣味和英文魅力。

2014年，杜小宜（前排左一）获得深圳"教书育人模范"奖（受访者供图）

在螺岭校园里，"学英语、用英语、爱英语"的氛围十分浓厚，学生跟外教之间的互动随处可见，学生能直观感受和模仿英文交流和表达。更令人自豪的是，学生连续几年参加全国"希望中国"青少年英语教育戏剧大赛，都获得特等奖，来自全国各地的学生一听到"螺岭"两个字都赞不绝口。

螺岭外国语实验学校的英语学科教育一直领跑于省、市，奠定了英语学科品牌，螺岭成为"全国中小学外语教研教学工作示范学校"，英语学科成为省、市先进科组。学校推行的课堂教学"多维度评价"也是英语学科的绝活。通过多维度的教学评价活动，教师成长很快，多名英语老师走上学校领导岗位，并在全国、全省教学比赛中获得各类奖项。

螺岭家教会挂牌成立，成为同行学习借鉴的样板

从我来到"螺岭"工作，始终都被一个问题困扰，那就是经常会有家长投诉学校或投诉某位老师。如何在保证高质量完成日常教学工作的同时，处理好这些投诉？我想起在美国学习参观当地学校时，看到校长办公室是一个套间，外面的一部分布置得像家一样温馨。美国同行告诉我，这里是校长和老师专门接待家长的地方，就是要让来到这里的家长产生"回家"一样的感觉。

通过总结梳理在美国培训学习的经验和与香港部分学校校长交流的成果，我们得出了一个结论——学校、教师和家长间需要高效的、平等的、温馨的沟通平台和机制。于是，在2004年3月15日，经报请上级有关部门审批，全市首个家长教师联

合会"深圳市螺岭外国语实验学校家长教师联合会"（以下简称"家教会"）正式挂牌成立。

家教会设置了章程、工作原则、工作目标，还根据不同服务项目设置了事务部门和利用家长资源开发运用的校本课程系列，即"1357"家校合作创新机制。"1"是家教会一个工作原则：到位不越位，参与不干预，同为螺岭人，齐心谋发展；"3"是家教会三个基本目标：参与学校管理、共商发展大计，参与班级管理、为班主任分忧解难，参与学校活动、提供家长义工服务；"5"是五个事务部门的设置：文书秘书部、康乐文体部、学术研讨部、义工服务部、校外联络部；"7"是家教会配合学校积极开发利用家长资源，形成七项独特的德育校本课程。随着一系列家校合作校本课程的开发和应用，逐渐成为"1357+"家校合作创新机制，在罗湖区乃至深圳市学校家校合作育人方面起到了示范性、引领性的作用。

家教会与学校取得了共识，家长全面参与学校组织的德育综合实践探究活动。在策划开展学校大型主题活动时，注重以做人教育为切入点，形成螺岭德育文化，助力螺岭孩子成长为阳光少年。用英语讲中国故事，例如在语言文化节中开展"我能行""中华文化遗产之旅"等项目，让孩子们掌握好中国的传统文化。在这所以英语教学为特色的校园内，随处可见的不是传统印象中贴满墙壁的"ABC"，而是《弟子规》的古文。

陪伴深圳"老牌强校"一路发展，
退休后也为罗湖年轻教师培养尽一份力

　　2014 年 12 月，湖贝小学加入"螺岭"阵容，成为螺岭外国语实验学校湖贝校区，一方面壮大了螺岭外国语实验学校的教育主体和教育队伍，另一方面又将湖贝小学自身悠久的历史传承赋予了螺岭外国语实验学校。

　　湖贝小学的前身可追溯到 1942 年 9 月恢复办学的私立深圳小学湖贝分校。湖贝校区的成立使螺岭外国语实验学校教育史得到了进一步的拓展与沉淀。

　　2018 年，以深圳市螺岭外国语实验学校为领航校，联合片区怡景小学、景贝小学、靖轩小学，深圳市螺岭教育集团应运

20 世纪 90 年代初，学生在操场上开展文艺表演（螺岭外国语实验学校供图）

而生。我也担负起了螺岭教育集团总校长的职责。螺岭教育集团共有 5 个校区，是当时罗湖区规模最大的小学教育集团。

螺岭建校 40 余载，我在校长岗位上工作了近 20 年，见证了学校近一半的发展历程。2020 年我退休了，虽然离开了工作岗位，但退休"不褪色"，还在用自己的余热为罗湖教育系统年轻教师的培养尽一份力。

我成长在罗湖，也一直生活在罗湖，对罗湖感情深厚。希望自己几十年的教育教学和管理经验能为年轻一代罗湖教育人带去帮助与提升，为罗湖区培养输送更多优秀的"苗子"。

王定跃

口述时间
2022 年 11 月 10 日

口述地点
梧桐山凤凰台

王定跃：让毛棉杜
鹃成为"春天的故
事"的美丽代言

王定跃

口述者

Wang Dingyue

1963 年出生，浙江省宁海人。深圳市梧桐山风景
区管理处总支书记、主任，中国科学院植物研究所
博士后，二级研究员，深圳市决策咨询委员会先行
示范区生态专家。提出生态景观林新理论，成功营
造梧桐山高山杜鹃景观，使其成为深圳一大胜景与
生态地标。主编《中国苏铁》等 9 部专著，主持编
写的《毛棉杜鹃生态景观林营造新技术及应用》荣
获 2019 年度深圳市科技进步奖（社会公益类）一
等奖；《深圳毛棉杜鹃生态景观林培育关键技术创
新》2021 年荣获第十二届梁希林业科学技术奖科
技进步二等奖。

杜鹃花发映山红，韶光觉正浓。深圳人有句话说：
"错过了梧桐山的毛棉杜鹃，就错过了深圳的整个春天。"
每年 3 月开始，毛棉杜鹃就会渐染整个梧桐山林，美不
胜收。

梧桐山与罗湖有着天然的地缘关系。梧桐山就位于
罗湖，罗湖"一半山水一半城"当中的"一半山水"主体
就在梧桐山。近年来，从"养在深闺人未识"到"飞入寻
常百姓家"，梧桐山的毛棉杜鹃已经成为深圳市最大规模
的原生高山杜鹃花海，是深圳一大胜景，得到市民的追捧
和喜爱。作为一名生态专家，我见证并参与毛棉杜鹃资源
的发现与挖掘，从零星开花到灿烂怒放，与罗湖区一起大
力宣传推动"云端仙子"毛棉杜鹃成为深圳最亮丽的生态
名片。

王定跃：
让毛棉杜鹃成为"春天的故事"的美丽代言

成为深圳园林系统首个研究生，与毛棉杜鹃错过又相逢

我与罗湖有着很深的缘分。1989 年我来到深圳工作，是深圳整个园林系统第一个研究生。我在位于罗湖的仙湖植物园前后工作 13 年，主要从事苏铁种子资源保育研究与种质基因库的建立工作。后来我去南京林业大学攻读博士，2002 年起在江门园林局工作，近 4 年后，于 2005 年 10 月又回到深圳，在梧桐山风景区管理处工作。又回到罗湖，有一种回家的感觉。

多少年来，梧桐山的毛棉杜鹃在深山里零零星星，静悄悄地开，更无景观可言。只有梧桐山的管理人员等少数人才知道毛棉杜鹃存在，却也叫不出它的名字。2000 年，毛棉杜鹃标本经北京中国科学院植物研究所专家鉴定为"羊角杜鹃"。2003 年出版的《梧桐山植物》一书也采用"羊角杜鹃"的中文名，后来科技人员根据拉丁名种加词义，改称为"毛棉杜鹃"。

梧桐山的毛棉杜鹃是世界上分布纬度最南、海拔最低的原生乔木型高山杜鹃，也是世界上唯一自然分布于大都市市中心的大树杜鹃。

1990 年前后，在仙湖植物园开展深圳植物资源调查时，我

曾几次上梧桐山采集标本，印象里也只见过映山红与丁香杜鹃（当时鉴定为"满山红"），与毛棉杜鹃擦肩而过。

2005年12月，我来梧桐山风景区管理处工作不久，在去往小梧桐山山顶管理站的园路边，第一次见到成片的毛棉杜鹃。当时我的心情又激动又惋惜，感到这么多毛棉杜鹃以前怎么没发现呢？为深入了解杜鹃花资源的状况，我们开始对梧桐山杜鹃花科植物资源分布情况进行全面摸底调查。

经过两个月翻山越岭的调查，我们基本掌握了梧桐山杜鹃花科的种类及其资源蕴藏量。梧桐山杜鹃花科植物有4种，其中杜鹃花属3种，包括毛棉杜鹃、映山红及丁香杜鹃。毛棉杜鹃分布最为广泛，北坡与南坡均有大量分布，从小梧桐山到大梧桐山均有分布，以小梧桐山最为集中。

梧桐山山高雾多，气候十分适宜杜鹃花生长。但野外调查发现，长期以来仅小梧桐山少部分毛棉杜鹃植株零星开花，其他地方的毛棉杜鹃不怎么开花，尤其是大梧桐山，植株基本不开花。此外，梧桐山虽然蕴藏着丰富的杜鹃花资源，但并没有形成良好的观赏效果。长期以来，被浙江润楠、亮叶冬青、罗浮柿等一些强势树种遮挡、压迫，被香花崖豆藤、角花乌蔹莓等藤蔓缠绕，大部分毛棉杜鹃植株的生长空间被挤压，得不到生长所需的充足阳光，树势较弱，甚至枯死。

培育工作"十年磨一剑"，2008年毛棉杜鹃怒放获赞誉

此前，我们对梧桐山的毛棉杜鹃知之甚少，加上缺乏专业人才，对其生态抚育技术的探索也是"摸着石头过河"。我们边

研究边实践，探索出一套毛棉杜鹃生态抚育技术，走出生态与景观融合的创新之路。

2005 年 12 月，我们从小梧桐山做起，根据林业抚育间伐技术原理，对梧桐山的毛棉杜鹃等杜鹃花进行生态抚育。

2006 年下半年，我们开始抚育小梧桐的杜鹃谷与万花屏区域，对影响毛棉杜鹃生长的浙江润楠、亮叶冬青等周边强势树种进行修枝，清理树上附生藤蔓，必要时进行间伐，为毛棉杜鹃等景观树木预留足够的生长空间。与此同时，尽可能保留比毛棉杜鹃低矮的草本灌木，对与其相距较远的植被则维持现状，不采取任何人工措施，以保持群落的生态稳定。

由于风景林抚育涉及清理灌木、树木修枝及少量间伐的情况，当时风景区内部意见也不统一。个别专家认为应该遵从自然的演替，人工抚育会改变森林群落结构，不利于森林保护，毛棉杜鹃虽然开花漂亮，但浙江润楠等乡土树种也有一定的观赏性。

专家之间的不同意见属于学术争论范畴，完全可以展开讨论。但很多人把风景林抚育与乱砍滥伐、破坏生态混为一谈，产生一些认识误区。实际上，从林业科学上来说，森林抚育是森林培育中不可或缺的内容。后来在上级领导的理解和支持下，我们扛住压力，先做轻度抚育，以修枝为主，减少间伐量；其次，做好风景林抚育的示范工作。

2005 年 12 月，我们第一次在梧桐山万花屏见到毛棉杜鹃时，就了解到该区域是毛棉杜鹃分布比较集中的地方。当时初步调查有 600 多株，大部分是 6—8 米的高大杜鹃花。2006 年 5 月，我们开始对其进行抚育。2007 年的春天就有多株毛棉杜鹃花盛开，人们第一次发现：稍稍揭开一点面纱的毛棉杜鹃竟如此漂亮。

2008 年春天是我国的寒春。深圳 1 月至 2 月的持续低温，非常有利于调整毛棉杜鹃花蕾的孕育周期。3 月份气温逐渐回升，时至下旬，万花屏区域的所有毛棉杜鹃同时开放，灿若云霞，杜鹃怒放的景象第一次在梧桐山呈现。从此，梧桐山万花屏一举成名，也成为梧桐山毛棉杜鹃花海景观最壮观的景点之一，面积约 15 公顷。

此外，我们还攻克了毛棉杜鹃的繁殖技术难关，包括播种、高压、组培、扦插繁殖等。2018 年，伴随毛棉杜鹃扦插繁殖技术取得突破，毛棉杜鹃实现生生不息的繁衍，为梧桐山毛棉杜鹃的可持续发展提供了有力保障。

经过十多年风景林抚育，在小梧桐山、豆腐头、大梧桐山北坡的泰山涧以及南坡，已形成多处毛棉杜鹃花景，豆腐头山顶的映山红也颇具规模，但最为精彩壮丽的景点是万花屏与杜鹃谷。

"踏遍青山人未老，风景这边独好。"毛棉杜鹃花海被深圳市民评为"深圳第一花景"，2018 年梧桐山风景区被认定为广东省森林经营样板基地。2018 年及 2021 年，经过央视多次报道，深圳梧桐山毛棉杜鹃花海的影响力迅速走向全国。

打造品牌，助力毛棉杜鹃成为从罗湖走向世界的著名杜鹃花景

2011 年，我因工作调动一度离开了梧桐山。出于对毛棉杜鹃的热爱，我也在不断思考，能否把梧桐山丰富的杜鹃花资源及其亮丽多姿的景观优势充分地发挥出来，与文化结合，打造

对同一株毛棉杜鹃进行抚育的前后对比。上图为 2006 年，下图为 2010 年（受访者供图）

一个可以长期传承且叫得响的梧桐山文化品牌。

2015 年 10 月，我向上级领导表达了想回到梧桐山风景区打造毛棉杜鹃品牌的愿望。1 个月后，我如愿回到梧桐山工作。这次我决定要把毛棉杜鹃做成品牌。有品牌就有传承，可以一张蓝图绘到底。将来我退休了，品牌活动还在继续，仍有人将它发扬光大。

考虑成熟之后，我们开始筹备 2016 深圳市首届毛棉杜鹃节（2017 年开始改为毛棉杜鹃花会）。首先遇到经费问题，当时错过了申报经费的时间。对此罗湖区政府给予了很大帮助，我们逐一拜访了罗湖区委宣传部、区城市管理部门、区文体旅游部门、区教育部门及莲塘街道办事处，希望大家一起来共同承办首届毛棉杜鹃花会，打造深圳新的生态名片，为罗湖居民和深圳市民提供一道走近自然赏花观展的文化大餐。

罗湖区非常支持这一想法。区城市管理部门领导当即表示在经费上予以支持，区委宣传部及区文体旅游部门答应负责开幕式舞台搭建与文艺演出，区教育局负责发动学生参加征文比赛等活动，莲塘街道办事处负责宣传资料的印刷费用。

经费问题解决之后，我们从市公园管理中心借来 30 多盆各种各样的杜鹃花品种，后来又借调了 184 株高达 1.8 米的杜鹃花用于营造会场氛围。

在罗湖区政府支持下，深圳市首届毛棉杜鹃节成功举办。后来，毛棉杜鹃花会成为梧桐山风景区管理处与罗湖区政府共同打造的文化品牌之一，每年 3 月中旬与市民见面，已持续至第 7 届，效果显著。梧桐山的杜鹃花文化逐渐深入人心，并走向国际视野。

罗湖区政府也越来越重视这一品牌，近年来不断加大宣传的力度和高度。2021 年，罗湖同步推出"花开罗湖映山红"抖音全民打卡活动，梧桐山杜鹃的视频抖音上播放量达到 9.8 亿人次。

值得一提的是，2018 年 3 月，在罗湖区文体旅游部门的支持下，由罗湖区文联主席戴素霞牵线，特约《春天的故事》词作者蒋开儒和岭南著名作曲家李海鹰一同上梧桐山采风，感受梧桐山的魅力与毛棉杜鹃的美丽。随后，由蒋开儒作词、李海鹰作曲的《梧桐杜鹃》在 2019 深圳市梧桐山第四届毛棉杜鹃花会开幕式上被唱响，广为流传。

梧桐山是鹏城第一高峰，见证了深圳通过改革开放蝶变成国际大都市的历程；也见证了罗湖作为改革开放原点经历的翻

王定跃与梧桐山的毛棉杜鹃（受访者供图）

2016 年，深圳市首届毛棉杜鹃节现场（受访者供图）

天覆地的巨变与高质量打造先锋城区的累累硕果，是"春天的故事"最好代言之一。"不驰于空想，不骛于虚声。"未来，我希望梧桐山的毛棉杜鹃成为由罗湖走向世界的著名杜鹃花景。相信在一代代人努力之下，定能实现。

邸叙然

口述时间

2022 年 11 月 16 日

口述地点

罗湖区文化馆金岭分馆

邸叙然："深派小品"
从罗湖叫响全国

邸叙然

口 述 者

Di Xuran

1976 年出生于山西大同。深圳著名戏剧编剧、导演，深圳市戏剧家协会副主席、深圳市剧说小品话剧团团长。在全国小品创作中有着独特的艺术风格，其专场多次在央视录制并播放，被称为"深派小品"。创作《军哥剧说》系列戏剧主题晚会，被中国戏剧家协会誉为"接地气、正能量"的楷模和象征，被文化部（现文化和旅游部）授予"全国艺德标兵"称号。

"

　　我来罗湖，来得不算早，也不算晚。但我感受到了罗湖的求贤若渴、罗湖的锐意进取，这种敢于突破、勇于向前的精神深深吸引了我。

　　这些年来，我见证了罗湖"戏窝子"进一步壮大繁荣，推动"深派小品"走向全国，经历了深圳文化的大发展和欣欣向荣。

"

邸叙然：
"深派小品"从罗湖叫响全国

桂园街道成功举办小品专场，
让专业人才自由驰骋的环境极具感染力

我出生于山西大同一个文艺家庭，之前在海政话剧团做过演员。

1999 年，我来到深圳。早在来罗湖之前，就久闻罗湖戏剧大名，知道罗湖有很多优秀的作者，罗湖的剧作也很打动我。一次偶然的机会，我成为罗湖戏剧队伍中的一员，对罗湖戏剧有了更深的认知，与罗湖结下不解之缘。

2005 年，罗湖区桂园街道打算举办一个小品专场，邀请我参与创作排演。一个街道居然就能组织一个小品专场？一开始，专业院团出身的我都不太相信，对群众文化创作也抱有疑虑。

后来到桂园街道一看，发现街道就有自己的文化站。在排练过程中，我看到罗湖的戏剧的专业程度不亚于专业院团，而且重视程度甚至超过了专业院团。就这样，我对罗湖的认知，一步步在加深。

那次的小品专场非常成功。罗湖的观众喜欢戏，也懂戏。只要是好作品，他们都会欣赏和叫好。活动结束后，文体部门的相关领导找到我，问我想不想到罗湖工作。这种求贤若渴的态度、雷厉风行的作风，真诚、积极、纯粹，一下就把我感动了。

领导也非常尊重我，提出工作目标后说你就大胆去干。罗湖对人才的渴望、重视和信任非同一般，让专业人才自由驰骋的环境，太有感染力和吸引力了。

2006 年，我义无反顾地来到了罗湖区文化馆，一头扎进了戏剧创作当中。

全国首个"小戏小品创作基地"设立在罗湖区文化馆，"戏窝子"名不虚传

罗湖是中国改革开放的先锋城区，也是深圳戏剧的发源地，一直引领着深圳戏剧的发展，素有"戏窝子"之称。来罗湖之后，我发现"戏窝子"名不虚传。

早在二十世纪八九十年代，罗湖戏剧就在全国声名鹊起。1992 年，深圳市罗湖区戏剧家协会成立，把许多散落在各行各业的戏剧人士聚集在一起，领头的正是日后被誉为深圳小品"三驾马车"的张福生、梅玉文和方伟元。

1997 年，罗湖小品《钥匙》斩获全国第七届群星奖银奖，深圳小品开始在全国小品舞台上崭露头角。此后，罗湖小品势头劲猛，接连在全省、全国获奖。尤其是 2001 年，梅玉文的《名记》和张福生的《一张字条》参加曹禺戏剧文学奖·小品小戏奖决赛，在仅有的 5 个一等奖中双双夺魁，被业内传为佳话。在三位老师带领和广大演员耕耘下，罗湖"戏窝子"日益壮大，驰骋在中国的戏剧疆场，戏剧呈现出一派繁荣景象。

2006 年，中国戏剧家协会将全国首个"小戏小品创作基地"设立在深圳市罗湖区文化馆。这是我刚调来罗湖时非常震撼的一件事情——仅仅是一个区级文化馆就能获此殊荣，这是很多专业院团渴望却没有做到的。

罗湖到底有多大的魅力和魔力呢？在我看来，第一，罗湖有一系列鲜活反映深圳经济特区故事的优秀作品，具有独一无二的吸引力。第二，深圳是国内最早进行文艺院团改革的地区之一，而罗湖是"戏窝子"，艺术氛围很好，把全市、全国的专业人才都吸引了过来。

2008 年，深圳小品艺术团（后更名为深圳市小品话剧团）成立，大家推举我当团长。我怀着对艺术的探索和追求，带着一帮优秀的年轻人，从老先生们手中接下了这一棒。

这个担子很重，因为之前罗湖戏剧已经走到一个高峰，要在这个高峰继续拔高，压力很大。但我们一直在努力，致力于

小品《特区小站》剧照（受访者供图）

让罗湖的戏剧品牌更亮、招牌更响。我们统计了一下，剧团成立 14 年来，共推出原创小品 121 个、话剧 12 台、影视剧集 87 集，目前拥有老中青少演员和幕后人员逾 160 人。

2005 年，我们的作品《你要相信我》拿到了首届"中国戏剧奖·小戏小品奖"。机缘巧合之下，我们当时报的是专业组评比，成为专业组五个获奖作品之一，填补了深圳以往专业组获奖的空白。

2009 年，由于我们在央视很多栏目录制的作品收视率很高，中央电视台《笑星大联盟》栏目专门为我们录制播出了罗湖小品专场。也是在这个专场上，我们的作品被央视导演称为"深派小品"。

2012 年，剧团创编戏剧主题晚会《军哥剧说》，火爆鹏城，被中国戏剧家协会称为"正能量、接地气"的楷模和象征，开启了"深派小品"新篇章。

"从地里长出来的"《军哥剧说》，
成为深圳戏剧界文化创新名片

《军哥剧说》自 2012 年起，每周末都在罗湖区文化馆的 09 剧场演出，场场爆满。

"09 剧场"是罗湖区打造的一个剧场主题公益文化活动品牌，创办于 2012 年 3 月。那时候，东北有"刘老根大舞台"，上海有"海派清口"，北京有"德云社""开心麻花"，都很受欢迎。当时罗湖区委宣传部的领导提出来说，要打造自己的剧场，让作品真正受到老百姓的喜欢。

《剧说成功》海报
（受访者供图）

　　"09 剧场"就这样应运而生。它的命名来源于罗湖区文化馆的门牌号——太白路 2009 号。从 0 到 9，到了 9 之后要归 0，符合事物发展螺旋式上升的规律。这个名字，既包含着我们罗湖戏剧人对脚下这片戏剧热土的致敬，也是久久为功的自勉，暗喻着群众文化不断前进、周而复始、艺无止境的意义。

　　一开始，我对我们的作品很有信心。因为我们团队都是有深圳打拼经历的，不用高喊着"接地气"，我们本来就是"从地里长出来的"。我们理解深圳人，作品讲述的是深圳人自己的故事，应该能够到达深圳人内心。

　　然而，现实让我们丰满的理想遭受了一记重击。我们引以为傲的获奖作品，在舞台上并不能持续地让观众叫好。当时演出形式也是比较老套的报幕演出，观众不喜欢，演员也很受挫，我们特别着急。

2012年9月，我邀请团里的老演员李学军来为团员们讲课，这次以"成功"为主题的团队培训让我萌发了灵感。军哥的演讲幽默风趣、言之有物，如果可以与我们团的作品结合起来，用艺术表达来支撑论据，或许可以让军哥的演讲更有温度、更有吸引力。听完我的想法，大家都非常激动。

就这样，我们开始推出《军哥剧说》系列。《军哥剧说》形式新颖，以深圳人的视角和思考来创作，将大家喜闻乐见的小品、歌舞、朗诵、曲艺等节目形式进行整合，由主持人李学军以脱口秀的方式串联起来。夹叙夹议，或歌或舞，用我们的艺术表达和观众的思维对撞，与观众共同探讨当下都市人最关心的话题。

2012年10月13日，以"剧说成功"为主题的《军哥剧说》首场演出正式亮相。观众时而安静地倾听，时而动情地流泪，时而报以热烈的掌声。谢幕时，观众起立长时间鼓掌，拥到舞台上争着和演员合影、拥抱——"剧说成功"真的成功了，我又惊又喜。第二天，剧团电话被打爆了，想要订票的观众多得超出预期。

《军哥剧说》就这么火了起来，并在当年入选"深圳十佳创意项目"。十年来，我们先后推出了《剧说沟通》《剧说温暖》《剧说爱情》《剧说快乐》《剧说清廉》等12个系列"剧说"主题戏剧晚会，逐渐成为深圳戏剧界一张闪亮的文化创新名片。

2019 年 12 月 13 日，国家公共文化服务体系示范项目挂牌仪式在罗湖区文化馆举行
（受访者供图）

在公共空间进行的艺术表达，
让公共文明长在每一个人心里

2019 年，《军哥剧说》被文化和旅游部评定为深圳首个国家公共文化服务体系示范项目，奠定了我们在全国群文创作的标杆位置。

作为国家公共文化服务体系示范项目，09 剧场《军哥剧说》不仅仅是一个系列演出，其延伸出来的各项文体活动、志愿服务体系，使得文艺精品更加贴近百姓生活，将艺术之美弘扬到更广泛的群众中去。

《军哥剧说》刚火起来时，有的观众秩序意识不强，影响演出。于是出现了一批由观众自发组织的志愿者，场场都来替我们做宣传、维持秩序。观众志愿者们一做就做了两年，最多的时候有 400 多位志愿者。我们就成立了 09 剧场《军哥剧说》志愿者服务协会，由他们来带动和引导其他的观众。

类似的事情还有很多。观众带着孩子来，剧场不让进怎么办？兑票之后、开场之前的半小时该上哪儿？围绕着随"小剧场"诞生的实际问题，我们打造了09画院、09梨园、09讲堂、09才艺大赛、09烹饪大赛等一系列子活动，形成了"以节目创演为核心、以剧团资源为依托、以馆有场地为阵地、以社会参与为支撑、以群众满意为动力"的公共文化服务创新品牌，也成为国内戏剧界独树一帜的文化现象。

据不完全统计，这十年中，09剧场《军哥剧说》系列共计演出1210场，参与演员达356人、志愿者达436人、线下观众高达1800多万人次，获得国家、省、市级奖项共计399个。

《军哥剧说》受到了观众的欢迎，我们也在这个过程中找到了自己的路子。我们的作品源于生活、源于人民，最终也是服务人民。观众来到09剧场，不只是为了欣赏艺术，也是在平等

小品《烟》剧照（受访者供图）

的观演过程中寻找自我，寻找他们的精神力量，与之一同成长。

十年来，《军哥剧说》滋养着我们每一个人，也滋养着我们的观众。它是在公共空间进行的艺术表达，通过精彩的演出、创新的配套活动，潜移默化地去影响和培育观众，春风化雨般地让公共文明长在每一个人心里。

每一个深圳人都是一个哲学家，
"深派小品"从罗湖走向全国

2022 年 9 月，全国第十九届"群星奖"获奖名单公布，由深圳市罗湖区文化广电旅游体育局、罗湖区文化馆、深圳市文化馆联合打造的戏剧作品《烟》问鼎全国公共文化最高奖项——群星奖金奖。

这是自 2015 年全国性文艺评奖制度改革实施以来，深圳首次获得"群星奖"，充分展现了罗湖"戏窝子"的实力。事实上，这么多年来，在全国大大小小的各类小品比赛中，我们早已拿了"大满贯"，"深派小品"从罗湖走向了全国。

除此之外，2016 年，罗湖开始有了自己的戏剧节，后来升格为深圳市青年戏剧月，打造成为鹏城戏剧嘉年华。全国民间文艺展演、"中华颂"全国小戏小品曲艺大展等重磅品牌也都相继落地罗湖，形成了国内具有较高知名度的现象级戏剧嘉年华。全国戏剧工作者的目光齐聚罗湖，罗湖成为全国的戏剧高地，这是我们深圳戏剧的骄傲。

回过头来看，"深派小品"其实是一种带有期许的说法。作为移民城市，深圳外来人口多，多元文化交融，为群众文化发展提供了广阔空间和肥沃土壤。每一位在深圳生活的人都是一位哲学家,人们的生活哲学在这个环境中变成艺术表达,形成了独一无二的文化。艺术忌重复,原原本本、真真实实地把深圳人的生活用艺术形式表达出去,我们的差异化就能令全国甚至世界瞩目。

面向未来,作为文艺工作者,我们将继续深入生活、扎根人民,挖掘本土文化,讲好深圳故事,传播正能量,让优秀的文艺作品惠及更加广泛的人民群众,为高质量建设"湾区枢纽、万象罗湖"凝聚更加磅礴的力量。

周　立

口述时间
2022 年 11 月 23 日

口述地点
罗湖区深圳平安银行大厦

周立："深市第一股"
闯出金融改革多项第一

口 述 者

周
立

Zhou Li

1960 年出生于天津，南开大学货币银行学专业硕
士、国际金融专业博士，高级经济师。1992 年加
入深圳发展银行（现合并更名为平安银行），先后
担任总行办公室主任、杭州分行行长、总行行长助
理兼深圳分行行长、总行首席信贷风险执行官、总
行首席内控执行官、总行区域长兼零售业务执行官
等职务。2021 年调至平安集团，现任该集团投后
项目总监。

"000001"，这个排在 A 股首位的股票代码饱含着老一辈股民对于"深发展"的记忆。

中华人民共和国第一家进行股份制改造的商业银行、第一家发行股票并上市的银行、第一家引入外资作为大股东的银行……30 余年的发展中，深圳发展银行（现平安银行）创下多项第一，每一项都可以载入中国金融业的发展史册。

深圳发展银行诞生于罗湖，与深圳经济特区的发展同频共振。从最初的农村信用社起家，到与平安银行合并更名，再到如今成为以零售业务见长的全国性商业银行，这家银行在推动罗湖区建设、服务深圳乃至全国经济社会发展中都发挥着重要作用。

周立：
"深市第一股"闯出金融改革
多项第一

首次向公众发行股票筹集资金，深市"000001"花落"深发展"

20 世纪 80 年代的深圳经济特区，流传着"时间就是金钱，效率就是生命"的响亮口号。与此同时，罗湖区的建设正在如火如荼地进行。记得那时候，我是乘坐火车来到深圳，在罗湖的深圳火车站下车的一刹那，就看到了国贸片区高楼林立。火车站旁边的罗湖口岸每天都有香港同胞来往，熙熙攘攘，呈现出一片繁荣景象。

在深圳经济特区建设初期，经济发展很需要金融支持，当时深圳的银行主要是工行、农行、中行和建行 4 家国有银行及少数外资银行。但是，深圳发展社会主义市场经济，客观上需要多种经济成分的金融机构，单一国有银行体制不能适应经济特区快速发展的需要。

于是，组建股份制商业银行的计划被提上了日程。深圳发展银行是在深圳经济特区 6 家农村信用社的基础上组建的。在组建过程中，市委、市政府以及中国人民银行深圳经济特区分行都给予了重要指导和大力支持。当时，深圳市委组织部委任了三位筹备组负责人，分别来自农行、中行和建行。

在早期"摸着石头过河"的改革中，改革者进行了大胆的突破与探索，深圳发展银行成为新中国成立以来第一家向私人募集股本的股份制商业银行。1987年5月，经中国人民银行深圳经济特区分行批准，深圳发展银行以自由认购的形式，首次向社会公开发行人民币普通股79.5万股，每股面值20元，实际发行39.65万股。

由于当时大家对股票的认识还很模糊，很多人并不看好，不知道投进去的钱能不能还，也不清楚有多少利息，那时候银行的领导们还带头购买、推销股票。事实上，股票投资很快就带来了回报。1990年，在深圳发展银行开业两年以后，当年的分红就达到了每股10块钱，相当于收回股本金的50%。

1987年12月28日，深圳发展银行正式成立。1988年4月，深圳发展银行股票首次在深圳特区证券公司挂牌，拉开了

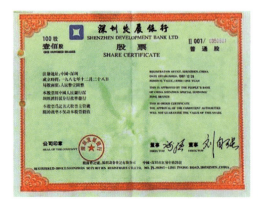

深圳发展银行发行的股票（资料图片）

深圳股票交易的序幕。后来，深圳证券交易所成立，1991 年 4 月 3 日，深圳发展银行向社会公众公开发行股票并正式在深交所挂牌上市，由此成为新中国第一家上市银行，股票代码为"000001"。

上市后，"深发展"股价一路高走，成为当时深圳股市的龙头。

罗湖金融业百花齐放，融资支持 500 辆小轿车投放

20 世纪 80 年代到 90 年代是深圳金融改革最红火的时期，也是在全国引领示范效应最突出的阶段。深圳在金融改革方面创造了数以百计的第一，涉及市场建设、金融监管、机构及工具创新、商业银行经营管理等方方面面。

从金融机构来看，深圳发展银行仅仅是深圳众多金融创新中的一环，是股份制商业银行改革的代表。在保险公司的改革方面，中国平安是成功的范例；在引入外资银行方面，南洋商业银行最早进驻内地；在资本市场建设方面，深交所走在了全国的最前面。这些金融改革创新大都发生在罗湖。

当时，罗湖的金融业主要集中在两个区域。一个在深圳发展银行大厦所在的蔡屋围片区，它是中国人民银行深圳经济特区分行以及工行、建行、农行的深圳分行所在地；另一个在国贸片区，当时中行深圳分行以及不少外资银行、财务公司、非银行金融机构都在那边注册、办公。

罗湖百花齐放的金融业与深圳经济社会发展构成了相辅相成的关系。例如，在深圳建设早期，比较缺乏正规的出租车服

深圳发展银行信用卡是国内第一张密码信用卡（资料图片）

务，深圳发展银行率先用行动支持深圳市出租车业发展。那时候，银行还可以做信托租赁方面的融资业务，我们就给出租汽车公司融资，他们一次性采购了500辆小轿车。我记得，当年几百辆崭新的出租车在体育馆的广场上排列得整整齐齐，在一定程度上解决了深圳人打车难的问题。

首次由外资机构担任第一大股东，引入先进管理理念

经历了成立初期的快速发展阶段后，深圳发展银行的经营曾一度进入瓶颈期。由于缺乏对银行现代化管理的认知，当时深圳发展银行在某些地区的资产质量出现了问题，整体经营业绩也表现低迷。

21世纪初，随着中国加入世界贸易组织（WTO），国家政策支持在金融改革中引进外资股东。深圳市政府也提出了大胆引进国际资本和国际管理理念来推动本地金融机构改革的思路。深圳发展银行再次成为推进金融改革开放的试验田。

经过谈判，深圳发展银行成功引入了美国新桥投资。2004年5月31日，深圳发展银行发布公告：美国新桥投资拟以12.35亿元的价格收购深圳发展银行17.89%相对控股权。同年10月，深圳发展银行国有股股权转让方案获得了国务院相关部委的批准。12月31日，深圳发展银行股权转让交割完毕，新桥投资正式入主。

一家全国性股份制银行，由外资机构担任第一大股东，这是史无前例的。这件事体现了深圳作为经济特区推进改革开放的魄力，同时也使得深圳发展银行受到了国内外的广泛关注。

外资机构进入深圳后，给我们带来了国际银行业的先进管理经验。比如说，美国新桥投资帮助深圳发展银行建立了信贷风险管理与财务管理的垂直管理体制，后来该模式被国内很多股份制商业银行借鉴。另外，外资机构注重精细化管理，他们对利差的管理和成本的管控，尤其是对风险的管理，都比较严格、精细，对于监管合规也非常重视。

但必须指出的是，外资机构实际上是中短期财务投资者。美国新桥投资作为一个封闭式基金，无法对深圳发展银行进行持续注资，也很难对银行长期发展考虑过多。事实上，那几年深圳发展银行在资本充足率方面有较大的困扰，机构拓展也一时停滞。

"深发展"股票变更成为"平安银行"，确定零售银行战略发展方向

在与外资携手 5 年之后，深圳发展银行的股权结构又一次迎来重要调整，而这一次的变化带来了全新的发展局面。

2009 年 6 月，中国平安投资深圳发展银行举行了签约仪式。2010 年 5 月，新桥投资将其所持有的股份全部过户至中国平安名下，中国平安取代新桥投资成为深圳发展银行第一大股东。2012 年 1 月，深圳发展银行和平安银行完成合并，股票简称由"深发展"变更为"平安银行"。至此，这家银行再次进入新的发展阶段。

2012 年，深圳发展银行正式变更为平安银行，平安银行时任董事长肖遂宁和时任行长理查德·杰克逊召开新闻发布会并为平安银行揭牌

中国平安与深圳发展银行都是 20 世纪 80 年代后期在改革开放大背景下，创建于深圳经济特区的两家标志性金融机构，它们的基因文化在许多地方都是相通的。作为综合性的金融集团，中国平安不仅带来了雄厚的资本金、独特的管理文化、强大的科技实力，在往后的经营战略定位上，也让深圳发展银行深深受益。

当时，我作为总行首席信贷执行官，负责牵头两家银行风险条线及系统的整合工作。两行整合工作是一个庞大复杂的工程，但在集团的指导下，进展比较顺利，历时一年多基本整合到位。

2016 年 8 月，平安银行零售转型正式拉开帷幕。在此后的 6 年中，平安银行零售业务快速发展，无论平台、基础、队伍、品牌还是口碑，都实现了质的飞跃，主要零售规模、客群指标都步入股份制银行第一梯队。2022 年前三季度，平安银行营业收入 1383 亿元，同比增长 8.7%；净利润 367 亿元，同比增长 25.8%。实施转型以来，无论是收入还是利润，平安银行零售业务贡献都超过了 50%，零售转型战略贯彻有力。

在实施零售业务转型中，科技赋能一直是我们的基本策略，平安银行给客户提供了功能强大的"口袋银行"，并且不断迭代升级提供增值服务，智能化的线下网点给客户带来优质的服务体验。

服务实体经济及民生，是金融机构的初心和使命；防范风险、安全经营是金融机构的底线和核心竞争力；积极践行国家战略、履行社会责任是金融机构的立足点和出发点。一直以来，平安银行积极支持国家经济建设并努力维护金融稳定，不断追求企业发展和社会责任的高度融合，争做合格的新时代企业公民。

2022 年恰好是我来到深圳的第 30 个年头，作为深圳早期金融从业者之一，我对罗湖这片热土充满感情。罗湖的"先锋精神、奋斗文化"代表着"拓荒牛"的精神，承载着老一辈建设者不惧挑战、勇于创新、真抓实干的光辉岁月。这是我们深圳文化的重要财富，应该把它保持和传承下去。

陈国雄

口述时间
2022 年 11 月 17 日

口述地点
梵思诺创意产业园

陈国雄：深圳最早的服装
业弄潮儿从罗湖出发

陈国雄 口 述 者

Chen Guoxiong

1963 年出生于广东汕头。1986 年从香港回到
罗湖从事服装行业，1996 年注册品牌梵思诺
(VERSINO)，2010 年创立深圳市梵思诺时尚服饰有
限公司。现为梵思诺时尚集团董事长、首席执行
官，深圳市政协第四届委员，深圳市政协第五届、
第六届、第七届常委。深圳市工商联（总商会）副
主席、龙华区工商联（总商会）主席，深圳市服装
行业协会副会长，深圳市潮青会主席。

"

　　20 世纪 60 年代初，我出生在广东潮汕的一个普通家庭，高中毕业后赴香港投奔亲戚。1986 年，已加入中国香港籍的我，乘着改革开放的春风，放弃在港的工作到罗湖发展，从深圳国际商场一家服饰店铺的管理人员起步，直到今天拥有自己的服装企业和品牌。回望自己的创业经历，罗湖见证了我来深的成长和发展。

　　罗湖作为深圳改革开放最早开发的城区，也是深圳服装产业的发源地。从早期的来料加工、贴牌加工，到产业链升级孕育出一系列本土品牌，再到如今布局国际消费服务核心区建设，这其中的每一次蜕变，都见证了数不清的服装业弄潮儿从罗湖出发，面向全国、走向世界。

"

陈国雄：
深圳最早的服装业弄潮儿从罗湖出发

察觉"经济特区"机遇千载难逢，来罗湖发展是一个正确的决定

20 世纪 70 年代末到 80 年代初，我离开家乡汕头，前往香港定居，因为工作关系时常来回深港两地。那时候每次往返香港都要从罗湖口岸过关。记忆中，最开始坐公交车经过罗湖的时候，从车窗望去，还能看到大片的荒地和有积水的农田。到了口岸附近的华侨旅社下车，随手抓一下头发，都能在头上抓到好几只蚊虫。到 90 年代初，情况就不太一样了，越来越多的人在罗湖口岸过关，周围的建筑、行人的穿戴和繁忙程度都在告诉我，罗湖已不是最初我路过时的样子。

在香港的几年里，我白天打工挣钱，晚上去香港中文大学上夜校补习英文和学习珠宝设计。忙碌间隙，关于"深圳经济特区"和"改革开放"的字眼越来越显眼地出现在我的生活里，同时期在罗湖工作的同学也不断向我描述"经济特区"之"特"，我自己也开始了解经济特区的诸多政策。虽然当时我在香港已经有了还算不错的工作，但思考之后，我毅然决定放下那边的一切，到罗湖重新开始。

从做出决定开始，我陆续把工作和生活的重心全部转移到罗湖。忙碌中，不知不觉罗湖的面貌已经和当年我从车窗看到的模样大不相同。起初我租住在位于爱国路怡景花园的宿舍，舍不得坐公交车，就每天走路或骑单车上下班，深切地感受着罗湖的变化。记得路旁到处都有施工点，有桥梁基础设施、下水道设施在建设，还有很多建筑工地，到处一片热火朝天的工作景象，路边的建筑都以肉眼可见的速度在发生变化。

　　当时的东门、人民南片区是非常热闹的中心区。从内地其他地方来罗湖的公交车都停靠在东门和华侨旅社，来来往往的行人步履匆匆，中间还夹杂着各种方言。国际商场和国贸大厦更是那时候的地标建筑。罗湖还处处透露着"洋范儿"，在国际商场还能看到之前只在报刊上见过的演艺明星……我感觉到，改革开放让经济特区的土壤越来越肥沃，罗湖作为深圳的中心城区即将迎来高速发展，我来罗湖是一个非常正确的决定。

一个月收入3000多元，处处昂扬勃发的精神状态鼓舞人心

　　初来罗湖时，我在国际商场做最基础的服装销售员和店管，养家糊口的同时，也积累了一些工作经验。"衣食住行"里，"衣"排在首位，最容易吸引人眼球，服装行业所需的工艺和技术要求门槛也不算高，加之当时的各种优惠政策、政府的开放，让大家长期保守压抑和潜伏着的对生活和美的追求喷涌而出，我觉得，从服装行业切入对自己而言是个比较合适的选择。

　　当时每天要往返罗湖和香港工作。我每天早晨6点钟起床，

陈国雄（右1）开始代理
"金利来"

7点要从罗湖口岸排最早的队过关，搭火车去香港，进行货品报关、联系运输公司过关。有时候自己再坐车回到罗湖。这一趟流程走下来，大概需要15个小时。

有一天送完货实在太累，我在香港红磡上车后就睡着了，当被车站工作人员叫醒时，发现自己还坐在红磡的火车上，才反应过来车到罗湖后我没下车，又被载回了红磡。还有一次是来罗湖不久后，母亲从老家来看我。我回到家洗澡后换衣服，母亲告诉我，我背上有几道长长的血印子，有的地方已经开始冒血水，她还以为我与人打架呢。得知实情后老人家想到原来儿子在外工作吃苦，心疼得直落泪，我则笑笑说自己并不觉得生活苦累。

辛苦的日子带来的收获也是令人开心的。20世纪80年代末，当内地普通工人月薪只有两三百元的时候，我一个月的收入是3000多元。在那个"时间就是金钱，效率就是生命"的年代里，很多年轻人生活状态都是如此，大家工作起来拼劲十足，大街小巷的行人都会不自觉地加快脚步，少工作一个钟头就少赚几十块，每个人都不想，也不舍得停下来。这样昂扬勃发的生活状态和精神理念也让我倍受鼓舞，对自己和罗湖的未来有了更乐观的期待。

口岸与政策优势得天独厚，五湖四海的生意人纷至沓来

在我们"服装人"眼里，20 世纪 80 年代末、90 年代初的罗湖就是深圳的代名词。罗湖借助口岸的优势，吸引大量来自香港和东南亚各地的服饰时尚潮流流入，东门和国商、国贸片区成为全国的时尚集散地。

口岸优势还让罗湖比内地其他地方更早掌握领先的时尚潮流理念。除了服装新潮外，商场装修装饰也可以说是全国最先进的。罗湖的商场很早就开始注重购物体验了，我们每天都会把营业厅的玻璃展柜擦得干干净净，把商品摆得整整齐齐。罗湖吸引了许多内地其他地方的游客前来，也吸引了很多外资企业到这里设点生产、销售服装，因为在罗湖有利于掌握市场和服装潮流的第一手资讯。市场活跃、流通快，让罗湖服装市场有了不可撼动的地位。大量的生意人纷至沓来。

这样繁华的景象在罗湖出现不是偶然。除了地理位置的天然优势，众多的优惠政策也是这块"宝地"日渐红火的原因。记得 1985 年到 1988 年，经济特区内资企业不论经济性质和隶属关系，一律按 15% 的税率就地缴纳所得税，优惠的税率让经济特区内、外的服装有了更高的差价，这对于 80 年代、90 年代的工资水平来说，是非常有诱惑力的。

在罗湖赚到了人生"第一桶金"后，我开始考虑自己创业。1990 年，我在当时的友谊商店开了自己的第一家服装店铺，虽

然地方不大，但是货品样式多、款式新、服务好、价格合理，很快就做到了商场的优秀柜组，月营业额一般都有 5 万—6 万元。这个数目在当时算是很好的。由于深圳生意发展得很快，到 1995 年，我正式入驻友谊商店，并逐渐把一楼 2/3 的沿街店铺都拿了下来。

拥有了自己的服装品牌，罗湖"消费牌"魅力无限

我对"时尚"这个词的认识正是最初在罗湖慢慢沉淀下来的。自己创业后，我出售的货品几乎都是面料非常优质的产品。在取得成绩的同时，我也一直在观察学习国际品牌的运作，慢慢拿到了很多奢侈品品牌的代理权和经销权，包括华伦天奴、登喜路和雅格斯丹等，让一系列国际品牌走进了深圳市场。

陈国雄（左三）与欧洲设计、管理和研发人员在友谊商店店铺（受访者供图）

在品牌引进初期，我内心其实是非常忐忑的。当时在深圳，普通人一个月工资才几百元，而一件国际品牌的 T 恤售价就要上千元，我有点担心居民的消费水平支撑不起国际品牌。后来事实证明这是多虑了，大到几千元的成衣，小到几十元的袜子，往往都非常热销。也说明当时的市场购买力还是很强的。只要品质够好，样式够新颖，几乎是不愁卖的。我也逐渐改变了自己的观念——是的，改革开放让消费者的收入不断提升，大家的需求也水涨船高了。

在代理和经销国际品牌的同时，我也开始思考学习，在每天的工作中一点点感受这些百年品牌深厚的文化底蕴和内涵。这也让我内心感到很大的落差，充满了危机感。我察觉到很多国际品牌公司一旦在本地建立起消费基础，就会收回代理权并转为品牌自营模式。如果继续以代理、经销这样受制于人的方式经营发展，我担心自己的事业会遭遇瓶颈。

我们能不能做自己的品牌？能不能有自己的服装设计师团队和自主研发生产？深思熟虑后我决定去欧洲学习，与欧洲的设计、管理和研发人员进行学习交流，并于 1996 年注册了梵思诺品牌。除了我，罗湖很多服装企业的品牌自主建设意识都逐渐觉醒。

多年的发展让罗湖的服装企业接触掌握了更加先进的时尚理念、管理技术和工艺标准，也让服装产业不断转型、蜕变，日渐完善，这也为日后深圳品牌的孕育、发展和成长奠定了良好的基础。经过研究、打磨、沉淀，一批批自有品牌如雨后春笋般在罗湖这块热土上成长起来。

如今，罗湖的服装行业早已不再局限在加工和销售服装。罗湖是深圳服装产业众多资源和人才的集中地，一批批"服装

陈国雄（右一）在博鳌亚洲论坛为嘉宾量身定制服装（受访者供图）

人"博采中西，让罗湖沉淀出的品牌知名度、美誉度快速提升，推动整个行业从低附加值、出口加工型的模式向高技术含量、高附加值、自主品牌发展模式的时尚创意产业方向迭代。

我事业的起点和高速发展期都在罗湖，对罗湖有着非常深厚的感情。多年来，我一如既往关心和参与罗湖的发展。我注意到，罗湖打出"消费牌"助力深圳建设国际消费中心城市，还提出"全域消费"规划，这张王牌打得非常漂亮。东门大众时尚消费区、人民南（火车站）口岸消费区，都有我们最早一批"服装人"奋斗过的足迹。如今，一些曾经的旧商圈、旧商厦在对标国际视野和标准改造为国际名店街区，消费体系和格局也在不断升级，这让我们这批从罗湖出发的"服装人"倍感振奋。服务湾区、辐射全国，罗湖的未来一定充满活力。

常才智

口述时间
2022 年 11 月 18 日

口述地点
罗湖区百仕达皮影文化艺术团排练室

常才智：让皮影艺术永
远扎根罗湖这片沃土

口 述 者

常才智

Chang Caizhi

1943 年出生，湖南长沙人，1964 年毕业于上海戏
剧学院戏剧文学系。2004 年退休后来到深圳定居，
现为罗湖区百仕达皮影文化艺术团团长、国家一级
编导、非遗文化传承人。

以前有一种说法，深圳是经济特区和"文化沙漠"，但实际上，通过"文化立市"明确的定位和持续的投入，深圳早已是文化发展的沃土。

　　罗湖是深圳最早建设起来的区域，它不仅是特区经济发展的先行者，也是特区文化建设的开拓者。

常才智：
让皮影艺术永远扎根罗湖这片沃土

老有所为，退休后在罗湖创办皮影文化艺术团

我是上海戏剧学院戏剧文学系毕业的，毕业后在上海美术电影制片厂工作了一年，之后调回家乡长沙。在长沙，我先在湖南电影制片厂（现潇湘电影制片厂）工作，因为喜欢美术和文学，后来又调到湖南省木偶皮影艺术剧院，在那儿一干就是40多年。因为女儿一家定居深圳，2004年我退休后，也来到罗湖定居。

我住的百仕达花园有个"老年文化大学"。社区里的老人，能根据自己的兴趣参加舞蹈、模特、书画、声乐等学习班。我作为老皮影艺人，就想创办皮影艺术团，这个想法和"老年文化大学"校长一拍即合，不少老年学友也对学习皮影表演很有兴趣。2006年，我和家人一起出资3万元，主要购买了音响等一些设备，基本上就起步了。皮影我们自己可以做，剧本我可以写，配音找一些原来熟悉的朋友，有中央戏剧学院毕业的、上海戏剧学院毕业的，就这样将百仕达皮影文化艺术团注册成立办起来了。

常才智（右一）在表演中（马志　摄影）

　　第一次演出时，当时的罗湖区文化馆馆长就来看了。他觉得很好，说我们正需要这样推广传统文化的方式。后来，罗湖区文体、民政部门的领导都来观看了我们的演出，认为我们弥补了深圳社区文化没有的项目，对我们很支持。我记得很清楚，当时领导们说，许多社区开展唱歌、跳舞、太极拳等项目，唯独没有皮影——"你们这么独特，一定支持你们！"

　　之后，我们的皮影项目多次获得市、区宣传文化事业发展专项基金支持，区文体部门也长期给予经费支持。还有我们所在的翠竹街道文体站，几任站长都给了我们一定的支持。他们经常来到现场看我们怎么排练，怎么演出，给我们具体的指导。

在深圳市委宣传部、罗湖区委宣传部、罗湖区文化广电旅游体育局、罗湖区文联等各级宣传文化部门的支持下，罗湖区百仕达皮影文化艺术团吸引了越来越多喜欢皮影艺术和传统文化的朋友加入，规模日益发展壮大。这十多年间，我们一共创作了近50部皮影戏节目，连续举办了10届皮影文化艺术节，成为深圳民间文艺和非遗艺术的一张名片。

对此，我的体会是：深圳这个地方，既是年轻人打拼的热土，也是老年人"老有所依、老有所乐、老有所为"的乐土。退休前我是湖南省木偶皮影艺术剧院分管业务的副院长，有高级职称，退休生活有保证。但是相比较起来，在家乡日子可能会过得比较平淡一点。到罗湖来，等于退休后重新干了一番事业，得到领导和社会的认可，个人也有成就感和归属感。

罗湖包容各种各样的艺术，好像大海一样，各类人才在这里都能够被容纳。比如，现在我们艺术团的团员来自江苏、四川、湖北，还有其他几个省，这么小的一个团都有这么多不同地方来的人。我觉得，得益于罗湖生气勃勃的氛围和丰富多彩的文化生活，深圳经济特区最早的一批建设者以及随子女定居深圳的全国各地来的老人，都能在这里有愉快充实的晚年。

敢想敢干，民间社团长期承办品牌皮影文化活动

如今，每年秋天，我们都要举办皮影文化艺术节。这是罗湖区的常设文化活动，已经成功举办10届。皮影文化艺术节由

罗湖区文化广电旅游体育局出资，罗湖区文化馆协办，翠竹街道和我们百仕达皮影文化艺术团承办。艺术节会邀请全国各地优秀的皮影剧团和木偶剧团来深圳演出，除了表演之外还会举办皮影文化学术研讨会。

2008 年，我们艺术团参加文化部（现文化和旅游部）举办的全国木偶皮影优秀剧（节）目展演。出席那次活动的中国民间文艺家协会皮影艺术委员会专家表示，在政府扶持下，由一个民间社团而不是专业团体来持续承办皮影文化活动"实属难得"。我们每一届活动，深圳市文联、市文化广电旅游体育局的领导和罗湖区的领导都会来观看，十分重视。艺术节研讨会设置什么议题，邀请哪些团队、哪些专家，方案我们报给罗湖区文化广电旅游体育局后，局领导都会过目审核。

我们举办的皮影文化艺术节现在在全国已经有了一定影响力，《中国文化报》曾经给予报道。中国民间文艺家协会皮影艺术委员会会长、秘书长等也是每一届都来参加我们的活动，而且提了很多建议。在他们的指导下，我们拿到了几次国家艺术基金的注资。

正因为有罗湖区宣传文化部门敢于办大事的魄力和大力支持，我们这个民间社团才能进入全国民间文艺和非遗文化界的视野，也吸引了全国相关领域的优秀社团和人士来到罗湖观摩、研讨、交流。大家为促进群众文化建设和非遗文化发展共同努力，一起进步。

皮影艺术吸引新一代，传统文化在传承中发展（受访者供图）

传承创新，让古老皮影焕发新生反映当下

中国民间文艺家协会皮影艺术委员会主任魏力群认为，在皮影戏的创新方面，深圳也走在前列。

皮影艺术需要融合时代发展，需要新的受众。我们艺术团也秉承发扬改革开放的基因，做了不少创新尝试。比如我们采用动漫和皮影有机结合的方式来演绎皮影戏，加快节奏、缩短时间；传统皮影的材质不适合南方潮湿的天气，我们改用胶片来制作，效果很好；我们还让演员走到幕布前面表演，以这些新鲜的方式来适应现在观众的欣赏需求，使古老的皮影艺术越来越受欢迎。

罗湖百仕达皮影文化艺术团在社区演出（马志 摄影）

除了形式上的创新，在剧本创作上，我们也力图反映当下生活，讲述中国故事。我们创作的每一个剧本都先报给罗湖区文化馆和翠竹街道文体站审核。他们给的指导很到位，可以具体到每一句台词。比如我们为建党100周年写了一个剧本叫《七月的天空》，主要讲东江纵队的故事。我不太了解东江纵队的事迹，只能通过一些资料来编写。翠竹街道党工委给了很多具体的意见。到演出阶段，罗湖区将我们的演出作为情景党课，组织各个支部来观看。深圳市委组织部也组织我们到市党群服务中心等单位去演出，大家都很自豪。

来深圳近 20 年，我目睹了罗湖的变化，简直是翻天覆地。从我们这个小小皮影艺术团折射出去，可以看见罗湖不仅有经济上的飞跃发展，也是一片文化的沃土。土壤好，你在这里就可以生根，可以发芽，可以成长。我们皮影艺术团现在正在培养新一代中青年演职人员，目的就是让皮影艺术扎根于罗湖这片沃土，绽放出更艳丽的光彩。

廖国祥

口述时间
2023 年 1 月 17 日

口述地点
罗湖区翠鹏社区景亿会议室

口 述 者

廖国祥

Liao Guoxiang

祖籍广东大埔县，1951 年出生于广东河源。自 1996 年开始，连续 11 年主管深圳市迎春花市筹办工作，1998 年担任罗湖区城管办主任、城管执法局和水务局局长。曾获得深圳市人民政府授予的深圳市"人民满意的公务员"等多项荣誉称号。

"

　　1985 年，我从河源县教育局调来深圳市罗湖区，先后在翠竹街道和笋岗街道主持工作，1996 年开始主管深圳市迎春花市工作。

　　多年来，我见证了罗湖爱国路花市从无到有，从初具雏形到颇有规模，推动了罗湖打造"花市经济"，开创性地把市场化机制引入花市并获得了长足发展。这其中的点滴进步，都是我心中最深的烙印。

"

廖国祥:
爱国路花市有深圳人特有的"年味"

一次险些发生的安全事故,间接促成了后来的爱国路花市

早在 1982 年,深圳就有了第一届迎春花市,每年举办的地点不固定,在罗湖的建设路、人民南路、东门南路都曾经举办过。

从 1986 年第五届起,深圳市迎春花市交由罗湖区承办。接到任务后,罗湖区历届区委、区政府都高度重视,提出要把迎春花市办成广大深圳市民及香港同胞的春节娱乐场地,办成宣传改革开放的窗口。然而,花市举办地点依然是一年换一个地方,要把深圳市迎春花市打造成一个有影响力的品牌,选址飘忽不定显然是不适宜的。

1996 年,我开始接管深圳市迎春花市的筹办工作。那一年,一起险些发生的安全事故可以说间接促成了后来的爱国路花市。在 20 世纪 90 年代,高压线还没有入地,都是由一根接一根的电线杆连接起来。当时深圳正流行玩一种氢气球,那年的花市上这种气球备受市民欢迎,现场不知怎么一个气球就飞到了高

压线上，一阵噼啪声之后高压线立马开始爆燃。好在供电部门反应极快，仅过了十秒左右就紧急断电，燃烧范围并未扩大。

现在想起来那个场景，我仍心有余悸。如果不是现场保障工作部署严密，相关部门响应快速，高压线烧断之后一旦接触地面，后果恐怕不堪设想。

迎春花市定址爱国路，深圳几代人的集体记忆由此而来

在那之后，每年迎春花市在即时我都非常紧张。花市开张，市民自然是心情愉悦，兴高采烈。而我们就得提心吊胆地过6天，生怕出安全事故。在这样的情况下，我首先考虑的就是花市的选址。以前的东门南路、人民南路道路窄，街边电线多，存在安全隐患，同时铺位少，能容纳的客流量也十分有限。

经过近两年考察，我们最终把地点定在了爱国路。这里有近千米长的直道，道路宽阔，花市铺位也从原来的200个一下子增加到了1000多个，1998年之后，深圳市迎春花市就固定在罗湖爱国路举办。

迎春花市规模扩大的同时也给安保工作带来了新的挑战。每年举办迎春花市之前，区政府都要动员包括公安、消防、城管、交警、供电、医疗、环卫、街道等全区力量召开动员大会，在秩序、安全、突发事件的应急预案等各方面制订完备的计划，分解任务，责任到人，狠抓落实。同时，从罗湖区各部门抽调精兵强将组成安保队伍，确保老百姓赏花、购花安全。大家一

深圳市迎春花市在爱国路举办时的夜景（受访者供图）

直到除夕夜都坚守在岗位上，举全区之力保障花市顺利进行。

在我负责的连续 11 届深圳市迎春花市（1996—2006 年）里，没有出现过安全事故。罗湖区各单位的群策群力在其中发挥了很大作用。

创新花市铺位拍卖，数千名花农齐聚罗湖会堂竞价

花市的位置确定在爱国路之后，安全隐患问题得到了很大程度的改善。但随着深圳市迎春花市影响力逐年扩大，铺位也开始供不应求，如何合理分配商铺又成了难题。很多花农、园林企业在现场排长队、争抢铺位的场景是每年必有的"风景

线"，部分从东北、贵州、顺德来的花农甚至从半夜就开始排队，只为获得一席之地。

我们意识到，把市场机制引入迎春花市才是长久之计。于是在 2004 年第二十三届深圳市迎春花市开办之前，我们首次与拍卖行合作，率先举办了花市铺位拍卖活动，地点就定在罗湖会堂。大家对这样的形式感到很新鲜，通过电视和报纸宣传，数千名花农被吸引前来参加拍卖。

当时会堂内拍卖现场气氛火爆，花农现场举牌喊价，"2000！""3000！""6000！"最终拍卖师一锤定音，1000 多个铺位就这样分批次一一有主。2000 元起拍，当年最好的铺位拍卖价格到了几万元。这样公平公开的铺位拍卖方式，既解决了花农争抢铺位的问题，又实现了花市举办自负盈亏，减少了

廖国祥（左一）在花市上颁发优秀铺位奖（受访者供图）

财政负担。花市铺位拍卖从此作为一个保留活动延续下来，也成了许多城市模仿学习的范例。

深圳市最初办迎春花市都是入不敷出，财政每年都要补贴举办花市的开销。2004 年通过铺位拍卖和广告引入，罗湖爱国路花市不再需要政府财政补贴，基本做到了收支平衡，略有盈余。2006 年的铺位拍卖总价更是超过 600 万元，罗湖在办花市市场化道路上迈出了坚实一步。

2016 年，综合考虑多种因素，爱国路花市和深圳人说再见了。之后，深圳虽然每年都有小的花市，由一家主办变成"多点开花"，但仍有不少市民希望恢复爱国路花市，享受这份深圳特有的"年味"。

深圳市第二十一届迎春花市开幕现场（受访者供图）

爱国路花市时隔七年再回归，深圳人的"年味"回来了

迎春花市跟深圳市民的生活息息相关。在不少人眼里，春节不逛花市就像没有过年，"行花街"是深圳人几十年来的传统习惯，也是深圳历史文化的重要积淀。粤语中，"花"与"发"谐音，寓意"花开富贵""财运亨通"，买花就是把财富带回了家。广东人讲究"好意头"，买花也有着不同的寓意，君子兰代表"富贵吉祥"，罗汉松寓意"长寿安康""四季顺遂"，百合、年橘、牡丹等都是深圳人必买的年花。

而迎春花市的意义也并不只局限在买花上，和家人相聚，赏花出游，在花香环绕中迎接新年，也是一种对传统的继承和情感纽带的延续。2023年爱国路花市的回归红红火火，满足了老百姓的心愿，也带来了深圳人特有的"年味"，甚至成了年轻一代深圳人的"新年俗"。

在2023年的爱国路花市现场我看到了很多用心之处，增加了很多现代元素。花市规模大、布置精美，呈现出一片"春色满园关不住"的欢腾氛围。现场分设五大展区，以各类摊位点营造节日气氛，近千米的鲜花海洋里，多种花卉争奇斗艳；特色文创产品、本地文化产品层出不穷；百米长的花灯长廊、赏花灯等年俗活动应接不暇；特色表演、创意互动随机出现，叫人惊喜连连。

我主管深圳市迎春花市11年，见证了爱国路花市的繁荣与成长。如今花有重开日，爱国路花市依旧红火，每朵花都映射出了罗湖区的巨大变化和发展，写满了深圳人的集体记忆。爱

国路花市已然成为深圳的城市文化品牌，是岭南特色民俗文化在罗湖的集中体现。此次爱国路花市重启是一次阶段性的飞跃，是新的开始，也是新的希望，更是罗湖点燃城市活力的一支熊熊火炬。

林志伟

口述时间
2023 年 1 月 12 日

口述地点
罗湖区向西村龙发餐馆

口述者

林志伟

Lin Zhiwei

1992 年出生。祖籍广东汕尾,在深圳罗湖长大,
现为龙发鸡煲负责人。父辈于 20 世纪 90 年代创建
了龙发餐馆,2014 年接手门店后,陆续在深圳开
了 21 家龙发鸡煲分店。

我叫林志伟，"90后"，龙发鸡煲老板。罗湖是我们龙发的发源地，是梦开始的地方。20世纪90年代，龙发老店在向西村落脚开业。那时向西村是繁华的"不夜城"，"鸡煲一条街"也在这里逐步聚集了起来。

林志伟：
"向西鸡煲"陪伴着一代代
罗湖人成长

　　提到"向西鸡煲"，许多深圳人耳熟能详。我认为，"向西鸡煲"能深入人心，在于其口味的复合性和独特性。这种包罗万象的口味，也从一个方面展现了罗湖包罗万象的城区气质。

　　时间奔流向前，罗湖的发展日新月异。"向西鸡煲"作为传统的大众美食，一直存在于罗湖的街头巷尾。这种积淀了几十年的老味道，不断陪伴着罗湖一代又一代人成长。

龙发鸡煲（受访者供图）

20世纪90年代刮起"鸡煲风"，向西村聚起"鸡煲一条街"

我老家是汕尾的。当年条件艰苦，早年辍学的父亲为了扛起家庭责任，1985年毅然从汕尾来到深圳打拼。我听他讲，他当时骑着一辆自行车，身上只带了一套换洗衣服，骑了一天一夜来到深圳。厨房帮工，搬运工，在菜市场卖菜、砍鱼等等，他都做过。

那时候，罗湖作为深圳改革开放最早开发的城区，创造了"三天一层楼"的"深圳速度"，有着罗湖口岸和繁华的东门商业街，来做生意的香港人络绎不绝。

向西村是深圳著名的老村之一，坐落于繁华的罗湖商业中心。因为商业发达、交通便利，这里成了很多来深建设者的落脚点。各地的人为了实现梦想来到深圳拼搏，人口不断涌入，餐饮行业有很好的发展前景。而且，深圳、香港两地来往密切，很多香港的货运车司机，还有深圳的士司机，晚上会在这边吃夜宵，很热闹，人流很有保证。嘉宾路则是向西村也是罗湖的一条重要道路，大厦林立，烟火气十足。

父亲擅长做潮州打冷和夜宵菜，1990年就在嘉宾路盘了第一个门面，开了龙发餐馆。龙发这个名字是父亲取的，"龙"有行业龙头的意思，"发"的寓意就是发财，简洁、寓意好。

那时的嘉宾路有很多店铺，比如五金店、发廊、牙医诊所，还有一些服装店等等，慢慢地才发展为餐饮一条街。1993年左右，因为当时香港比较少有活禽供应，加上广东人喜欢吃鸡肉，且当时的深圳可以鲜鸡活宰，便刮起一股"鸡煲风"。向西村四川人、湖北人较多，餐厅老板们就将重庆鸡公煲和广东鸡煲结合起来，做出了口味独特兼容的"奇味鸡煲"，这种充满市井气息的菜品一炮而红。各地的鸡煲老板也开始汇聚在这里，这里成了名副其实的"鸡煲一条街"，"向西鸡煲"就此闻名。

当时有很多顾客过来问有没有鸡吃，慢慢地我们也不只做潮州打冷，还加上鸡煲这道菜品。我母亲借鉴了重庆鸡公煲，再结合海鲜酱、柱侯酱等这些广式酱料，调成了一种复合口味。当时店里比较受欢迎的"奇味鸡煲"，因为物美价廉受到不少食客欢迎，误打误撞地成了我们店的主打菜。随着越来越多的人来我们店里吃鸡煲，龙发老店也渐渐成为一家以鸡煲为主的大排档。

向西村外来人口多，天南海北。对此，店里也尝试了多种口味，比如顾客说，能不能做得干一点、口味辣一点、加上一些配菜等等，我们也会慢慢调整出来新的口味，所以说这道菜也是包罗万象的。

一煲热腾腾的向西鸡煲，是许许多多来深建设者的青春回忆

餐厅一开始是我父母在负责，父亲负责厨房，母亲负责楼面。慢慢地，生意越来越好了，父母就叫上了几个亲戚一起帮忙，后来又去外面请人。我们有个员工叫海强，他16岁就从茂名过来深圳打拼，近30年过去了，现在还在我们店里。

最初我们只有一个铺位，店里也就50平方米左右，上下两层，上面那一层作为厨房，下面一层摆了几张桌子。慢慢地生意越来越火爆，我们就把旁边的另一个门店一起租了下来。

厨师正在翻炒鸡煲（受访者供图）

1997 年开始，我们的生意越来越好。印象最深的是有段时间客流量很大，店里全都坐满了人。常常是三四个工友过来这里，点上一个鸡煲，加上几瓶啤酒，三四十块钱就可以吃一餐夜宵。可以说，"向西鸡煲"也承载了很多来深建设者的青春和回忆。

事实上，"向西鸡煲"是一个大的概念，我们龙发餐馆是其中一家。"鸡煲一条街"的鸡煲店各有特点，做法大同小异，主要区别在于鸡的品质和酱料的配比。

我们店做鸡煲的过程是这样，首先给切好的鸡块淋上特制的酱汁，腌制入味，然后开锅起火烧油，下姜片、蒜米、火锅底料爆香，香味起来后下腌制好的鸡肉翻炒，锅边倒入少许料酒。猛火焖煮 10 分钟即可上桌。听起来简单，但对于火候的掌握十分重要。食材上要求鸡每天现砍，高峰时期一天要砍 500 斤鸡。

龙发老店（受访者供图）

我出生后就跟着父母来到罗湖，从小在这里长大，对罗湖有很深的感情。从小学到高中，我一直在罗湖读书，印象中的罗湖交通便利，充满着市井气、烟火气。向西村街上人气很旺，街头巷尾都有摆地摊的、卖小吃的，人来人往处处热闹，一到晚上，灯红酒绿，繁华得像一座"不夜城"。这里聚集了来自五湖四海的美食，和深圳本土的美食逐步融合，形成我们"90后"记忆中的深圳美食文化。

从小到大，每天放学后或是寒暑假我都在店里。逢年过节，都会有很多老街坊还有香港食客来光顾。他们有的看着我长大，大年三十还会给我派新年利市，这让我印象很深。

龙发老店见证了我和许多顾客的成长。还记得小时候，有个跟我差不多大的香港小男孩，逢年过节常常跟着父母过来我们店里吃鸡煲。我们一起玩游戏，他给我带来了很多新鲜玩意儿，比如霸王龙游戏机、数码暴龙游戏机。再后来，他回香港上学，我们见面就少了。等到我自己创业之后，他也成家立业了，会带着小孩来我们店里吃鸡煲。虽然说很久没见面，但是一个眼神我就知道是他，这种感觉很奇妙。

认真做好每一煲，擦亮"向西鸡煲"这张美食名片

2014 年我大学毕业之后就一直在店里帮忙。楼面、厨房等，基本上哪里缺人就去哪里干。虽然说累，但看着自己炒出来的菜得到顾客的赞美，心里面还是暖暖的，觉得努力没有白费。

作为在深圳长大的"90 后"，我们的工作选择相对比较多。大学期间我就读旅游与酒店管理专业，父辈并不支持我继续做餐饮，他们觉得做餐饮太累了。但我喜欢店里的气氛，在店里面就像在家一样，来往的客人也都是一些看我从小长大的叔叔阿姨。再者，读高中寄宿以前，我一直在向西村跟员工住在一起。在心底，我就是想把店越做越好，让大家的生活都越来越好。

2014 年我接手的时候，整条商业街有不少店都是做 24 小时夜宵的，包括我们龙发，晚上偶尔不免会有一些吵闹争执。为了减少这种情况发生，我们跟社区等多方交流，还张贴一些文明提示。在各方共同努力下，整条商业街的氛围越来越好。

我对店里的业务越来越上手之后，就开始计划开拓门店。2018 年之后，龙发鸡煲陆续开了 21 家分店，加上老店，我们目前共有 22 家店。分店基本都开在各个购物中心，其中罗湖有 4 家，数量相对比较多。

民以食为天。这么多年过去了，"向西鸡煲"这个品牌依旧很有口碑，味蕾连接人心，其独特的口味让每一个光顾的人印象深刻。可以说，"向西鸡煲"成了向西村和罗湖的一张美食名片，这张名片是由我们这一条街的鸡煲店一起打造的。

这条街上有不少开了 20 年以上的老店。这些年来，我们服务了一批又一批来深建设者和追梦人。罗湖发展日新月异，但说起"向西鸡煲"，在这里生活和工作的人，想吃随时都可以吃到，都有着满满的回忆。

作为一家成长于向西村的鸡煲老店，我们严格把控菜品质量，认真做好每一煲，让客户既能吃到老味道，也能感受到热情服务。未来，我们还希望和其他鸡煲店一起继续擦亮"向西鸡煲"美食名片，共同打造深圳文化地标美食，把这张名片输出到外地去，慢慢冲出深圳、走向全国。

廖翔显

口述时间
2022 年 12 月 7 日

口述地点
深圳市罗湖区港人子弟学校

廖翔显：深圳第一所港
人子弟学校从罗湖起航

口　述　者

廖翔显

Liao Xiangxian

1944 年出生，中国香港人。2001 年被深圳市罗湖
区港人子弟学校聘请为港方校长。从学校开始筹办
一直坚持至今，为学校建设发展出谋划策，让更多
港籍学子在内地得到合适的优质教育。

"

　　罗湖与香港地缘相近、人缘相亲、山水相连，被誉为深港合作的"桥头堡"和深港连接的"情感码头"，也是许多香港人融入祖国内地的第一站。1998年，当时还是香港黄大仙天主教小学校长的我带着学生，从罗湖口岸通关来到深圳，参加深圳小学的交流活动。那是我第一次来到深圳，来到罗湖，这座城市的发展速度与人们的热情友好让我印象深刻。

　　回顾我的职业生涯，我一直都是从事教育相关的岗位，从香港的小学校长到罗湖区港人子弟学校的港方校长，始终扎根在教育一线，关注着孩子们的成长成才。深港两地的教育政策与时俱进，罗湖区港人子弟学校也见证了香港回归祖国后，深港两地的人员流动、教育理念变更和文化交流，以行动创新融合深港两地教育优势，让更多港籍学子在罗湖成长成才。

"

廖翔显：
深圳第一所港人子弟学校从罗湖起航

倾力解决在深港籍人士子女读书问题，内地第一所港人子弟学校在罗湖创办

20 世纪 80 年代，深港两地商务往来日趋活跃，1997 年香港回归祖国后，两地的交流更加频繁。罗湖口岸是当时深港两地往来人员最多的口岸，很多香港人跨过罗湖桥来到罗湖工作、生活。相关数据显示：截至 2001 年，在深圳工作的香港居民已达到 13 万人，越来越多的港人子女需要解决在深圳就地读书的问题。

当时，深圳市政协委员关注到了这个问题并形成提案，提议在深圳建设港人子弟学校，以便于香港居民在深圳发展。而在深港交流合作坐标系中，罗湖占据地缘优势。一直以来，罗湖都是香港和内地互动最方便频繁，同时也是香港同胞非常熟悉认可的城区。经深圳市教育局批准，罗湖区委、区政府落实深圳市政协提案，倾力解决居深置业、创业、就业的港籍人士子女读书问题，春源教育集团积极响应号召，着手创办深圳第一所港人子弟学校——罗湖区港人子弟学校，这也是内地第一所港人子弟学校。

2001年我57岁，是香港黄大仙天主教小学校长和香港教育工作者联会小学组召集人，还有3年就退休了。香港教育工作者联会告知了我关于深圳要在罗湖创办港人子弟学校的事情，希望能有一位香港的校长过去帮忙组织、筹划学校的课程设置。助力香港学子在内地的成长起航，这对于我来说，是一个神圣的使命，所以我就在香港提前3年办理退休，然后获聘来到罗湖区港人子弟学校担任学校的港方校长，开始了我在香港和深圳之间往返的"双城生活"。

2001年7月，经过一系列筹备，罗湖区港人子弟学校开始招收第一批学生。最初只有一个班，共16名学生。在没有实例借鉴的背景下，罗湖区港人子弟学校能否办得让学生、家长与社会满意？我当时也没有百分百的底气，只能对学校的老师说：我们先奋斗起来，拿出一个好成绩。

开设哪些课程？用什么版本的教材授课？课堂上是说普通话、粤语还是英语？围绕如何让港籍学生在罗湖获得融合香港与内地特色及优势的教育，我与学校的老师们开展了讨论和实践。

那时候，香港对比内地教育的优势主要在于英文，而在语文和数学方面，内地的教育相对更有优势。于是，我们学校开展创新，形成了"两文三语"的教学特色——使用普通话和简体字教学的大多数课程、使用英文教学的英语课和外教课、使用粤语和繁体字教学的常识课。此外，教研团队还精心设计了与之相配套的教材及特色课程。这样一来，港人子弟学校的学生就能同时适应内地和香港的教育方式，为学生升学方向做较为全面的考量和准备。

为学生升学诉求奔走两地，争取获得香港教育局官方派位

一开始，罗湖区港人子弟学校招生只面向拥有香港户籍的孩子，毕业生也没有官方渠道去香港的学校升学。2006 年，罗湖区港人子弟学校第一批学生迎来毕业。毕业季来临时，很多家长找到我问："你是学校的港方校长，那能不能帮孩子介绍去香港读中学？"为此，我跑了很多趟香港教育局去反映这个事情。香港的小朋友有权接受香港的教育，港人子弟学校的学生为什么不能选择在香港继续升学？我努力将学生与家长的心声传递出去。

一方面，我在官方渠道积极争取参加香港小升中派位；另一方面，积极发挥我在香港的资源优势，向香港的中学推荐罗湖区港人子弟学校的学生。记得那时，有一位家长反馈希望孩子能到香港一所知名学校读书，让我帮忙推荐。我与当时那所学校的校长沟通后，对方表示对我们学生的水平"不放心"。我跟他说："你可以尽管出试题来考验，如果达到你的要求，你再录取他。"那个学生也很争气，语数英三科考了 278 分，达到了他们学生的优秀等级，最后顺利被那所学校录取。

2006 年，香港教育局负责人来到学校调研，我们也表达了希望学生能够升学到香港的中学。经过一年考核，2007 年终于为罗湖区港人子弟学校的学生们争取到了参加香港小升中派位的机会。我记得当时我们的学生和香港的小学毕业生一样，可以分两次派位，第一次是自选分配派位，第二次是统一派位。

2008 年，香港教育局在罗湖区港人子弟学校开展升中派位讲座（罗湖区港人子弟学校供图）

2007 年，罗湖区港人子弟学校的学生能参加香港小升中派位的消息在深圳传开，是当时深圳唯一一所获得香港教育局官方派位的学校。从那时开始，我们的学生也逐渐变多了。

现在，学校面向两地招生，招生对象不仅仅是港籍学生，还面向满足入学条件的深户和非深户籍学生。学校现有学生1300 多名、教职员工 100 多名，港籍学生占比约 50%。学校实施"双轨制升学"，只要符合深港两地相应的升学条件，升学方向可以多种选择——凡在我校就读的港籍学生，升初中时都会获得香港教育局的官方派位；同时，凡是我校在校学生，无论何种户籍，只要符合深圳"1+5"规定（《深圳市关于加强和完善人口管理工作的若干意见》及有关户籍、居住、就业、计生、教育管理等 5 个配套文件），在升初中时都将获得相应的学位。

罗湖区港人子弟学校组织师生赴香港参加交流活动（罗湖区港人子弟学校供图）

注重英语水平提升和创新能力培养，为优质中学输送了大批优秀毕业生

立足大湾区，这些年来我们学校深度融合了深港两地教育资源，除了每学年积极参加深圳本地教育主管部门组织的各项教研活动外，还与港澳等地区多所名校缔结为姊妹学校，并且互派教师驻校轮训。通过多层面互访及多元化交流活动，包括管理层行政经验分享、教师教学观摩、学生参与课堂及生活体验等，教师的专业水平也不断提升。

除了面向两地招生、实行"双轨制升学"、具有"两文三语"教学特色之外，近年来，罗湖区港人子弟学校也在提升英语水平、精心开设特色课程、培养科技创新能力方面下足了功

罗湖区港人子弟学校举行英语风采表演活动（罗湖区港人子弟学校供图）

夫——学校重视英语教学，在英语课程基础上，增加了外教口语、英语阅读和口语训练等内容，通过英语绘本阅读、英语剧表演等方式培养学生兴趣，综合提升学生英语听说读写能力，先后被评为"双语教育实践基地""国家级双语实验学校"等。此外，学校注重学生的全面发展，除了校本课程，还开设了机器人课程、体育选修课程、艺术选修课程、课外研学课程等。

　　自开办以来，罗湖区港人子弟学校为香港邓显纪念中学、香港风采中学、深圳中学、深圳外国语学校等深港两地各级各类优质中学输送了大批优秀毕业生。例如2020届毕业生在"小升初"中，有20名同学获派香港名牌中学，创造了学校获派香港名牌学校的历史之最。内地升学方向，除在罗湖区按地段积分获派学位之外，不少学生还分别考入深圳市百合外国语学校、深圳国际预科书院、深圳南山国际学校等重点初中……听到学生们取得了优秀的升学成绩，我很开心也很欣慰。

罗湖先锋精神鼓舞人心，莘莘学子成为深港两地交流合作的桥梁与使者

转眼间，我在罗湖工作也有 20 多年了，见证了这里的繁荣发展，无论是人文教育，还是基础设施建设，罗湖方方面面的发展都令人惊喜。我很喜欢深圳，喜欢罗湖，它的先锋精神和奋斗文化也激励着我们不断进步。

未来，希望罗湖区港人子弟学校可以进一步通过教育促进深港青少年之间的广泛交流，以优质的教育服务，为孩子们的终身发展奠定基础，让更多学子从罗湖成长起航，胸怀祖国、放眼世界，成为深港两地交流合作的桥梁与使者，为粤港澳大湾区的建设发展贡献力量。

孙喜琢

口述时间
2023 年 1 月 6 日

口述地点
罗湖区人民医院

孙喜琢

口述者

Sun Xizhuo

1963 年出生，黑龙江人。罗湖医院集团党委书记、院长，被誉为罗湖医改的"操盘手"。享受国务院政府特殊津贴，曾获评"全国医院优秀院长""深圳经济特区建立 40 周年创新创业人物和先进模范人物"。

"

罗湖医改千条万条，但核心就是一个朴素的愿望——让居民少生病、少住院、少负担、看好病。

2015年8月20日，在罗湖区委、区政府大力支持下，罗湖医院集团挂牌成立，标志着罗湖以人民健康为中心的医疗卫生服务体系改革正式拉开大幕。8年多实践，罗湖探索形成以基层为重点、以健康为中心、以医保基金"总额管理、结余留用"为核心的紧密型医联体改革模式，入选国家深化医改重大典型经验，并在全国推广。

如今，医改"罗湖模式"已经成为健康中国的一面旗帜。

"

孙喜琢：
罗湖医改是健康中国一面旗帜

50 岁从东北跨越 3000 多公里南下深圳，罗湖有我实现梦想的土壤

我常说，男人到 50 岁，人生要清一次零。这个想法，成为我与深圳、与罗湖结识的机缘。

2014 年，我刚过 50 岁，已经在大连市中心医院担任院长11 年。这期间，医院床位数从 700 张增加到 2350 张，是老百姓有口皆碑的"老牌三甲医院"。但是，每当我走进病区，发现尽管床位数量增加了 3 倍多，仍会听到有患者问"能不能在走廊加床""可不可以加个号"。这让我心里很不是滋味。

我的观念也由此发生巨大转变——医院不是越大越好，而应该是患者越少越好。但是，如何改变当时医疗服务重治疗轻预防的状况，让居民少生病、少住院，我没有找到对策。

巧合的是，此时，深圳市罗湖区向我伸出橄榄枝，邀请我出任罗湖区人民医院院长。除了被罗湖"三顾茅庐"式的求贤诚意所打动，更令我心动的是，我了解到罗湖区人民医院有院

办院管的社康中心。当时，全国城市的医院和社区卫生中心普遍处于竞争关系，罗湖这种机制非常罕见。我想，这不正是在基层做老百姓健康管理的抓手吗？罗湖的这种机制可以支持我的想法，那里有我实现梦想的土壤。

2014年4月6日，抱着人生清零、从头开始的心态，我独自从东北跨越3000多公里南下深圳，正式上任罗湖区人民医院院长。2015年8月20日，罗湖医院集团成立，由我出任院长。罗湖区将区人民医院、区中医院、区妇幼保健院、区慢性病防治院、区医养融合老年病医院5家区属公立医院和当时的23家（现已45家）区属社康中心进行整合，形成"管理共同体、服务共同体、责任共同体和利益共同体"的紧密型医联体。

孙喜琢为居民科普健康知识

罗湖医改鲜明特征是强基层重社康，将更多资源向基层和预防倾斜

罗湖医改提出，医疗卫生服务要由"以治疗为中心"向"以健康为中心"转变，这如同在平静湖面抛入一块石头，激起巨大涟漪。全国医院同行、集团内部员工、辖区居民等纷纷传来不同声音，甚至有人问我：老孙，你说让老百姓少生病，那办医院干什么？你将来还有患者吗？

说实话，当时我的压力非常大，曾经甚至想到会不会"一世英名毁于罗湖"。但是，罗湖区委、区政府支持医改的决心和力度给我吃下定心丸。原本，罗湖几家区属公立医院各自独立，都有独立院长，行政级别相当。罗湖大刀阔斧改革，聘任我为集团唯一法定代表人，充分给我改革授权。罗湖区卫健局原局长郑理光和我一道奔赴全国各地求贤，短时间内吸引一批医学精英人才南下，为罗湖医改储备了充足的人才。

8年多实践，罗湖医改逐渐摸索出"医防融合""医教结合""医养融合"三大抓手，旗下5家区属公立医院与45家社康中心错位发展、形成合力，构建起完善的分级诊疗网络，让居民"大病不出区、小病不出社区"，在家门口享有全生命周期健康服务。

罗湖医改的鲜明特征是强基层、重社康，将更多资源向基层和预防倾斜。比如，罗湖医院集团与区疾控中心打破行政壁垒，建立起"防治管一体化"体系，实现双方人员无缝对接；集团高度重视全科医生队伍建设，连续3年每年引进30名全科

医生充实基层，重要任务就是开展疾病早期筛查；集团医护人员积极进校园、进社区开展健康知识普及，集团与区关工委合作推广"宝宝手卫生计划"，成为提升辖区居民健康素养的品牌活动；等等。

3 年疫情是对罗湖医改成果的检验，凭借强大整合力实现人财物高效运转

2019 年底，突如其来的新冠疫情，对医疗卫生服务体系是一场重大考验。得益于罗湖医改对医疗资源配置和运作体制的重塑，罗湖医院集团凭借强大的整合力，实现人、财、物高效运转，成功应对多轮新冠疫情袭扰。可以说，3 年疫情是对罗湖医改成果的检验。

罗湖医院集团医学检验实验室是深圳首批开展新冠核酸检测的实验室之一，日检测量可达 40 万例，高峰时期集团有 2900 名员工分散在罗湖的大街小巷采样。集团组建"平战结合"新冠疫情防控保障队伍，确保一旦出现疫情，及时到位、快速流调，高质量完成任务。

疫情防控政策优化后，面对发热高峰，集团通过摸底旗下医疗机构问诊量，科学研判辖区发热人员数量，设计出每天高峰时期可容纳 3 万人次的发热门诊，并组织 3 支医疗突击队，随时应对重症患者救治。由于准备充分，辖区发热高峰很快平稳度过。

罗湖医院集团在一线开展疫情防控

　　值得一提的是，疫情防控期间，医疗机构普遍面临医护人员不足的困难，罗湖医改中大力推进的全科医生队伍建设，在关键时刻发挥了重要作用。集团的全科医生奋战在核酸采样、溯源流调、发热门诊、重症救治等防控一线，为抗击新冠疫情做出了贡献。

罗湖医改的种子向全国播撒，在很多地方落地生根

　　罗湖医改 8 年，辖区居民感受如何？数据是最好的回答。据相关统计，罗湖区居民健康素养水平由 2015 年的 9.30% 提高

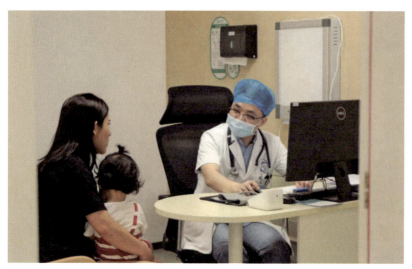

罗湖医院集团翠竹街道社康全科医生在为患者看诊

至 2021 年的 54.99%；社康中心诊疗量占集团总诊疗量比例逐年提高，由 2015 年的 24.09% 提高至 2021 年的 42.19%，2017年以来，脑卒中发病率呈下降趋势；罗湖区居民恶性肿瘤死亡年龄从 2015 年的 62.08 岁提升至 2021 年的 66.34 岁。罗湖区人民医院医保患者自付比例低于全市平均水平，看病经济负担大大减轻。

同样，作为医疗卫生服务的提供方，无论是专科医生还是全科医生，罗湖医改以来，集团医护人员普遍感受收获满满，概括起来有"三个提升"——收入提升、专业能力和眼界提升、职业荣誉感提升。如今，罗湖医改在全国名声响亮，集团员工对外自我介绍时，往往引来赞美和羡慕的声音，自豪感油然而生。

2017 年全年，我们接待了全国各地 1 万多名前来取经的同行，罗湖医改的种子借此向全国播撒，并在很多地方落地生根。以山西省为例，当地在借鉴罗湖医改的基础上，结合本地实际，将全省县级医院整体打包，构建起紧密型县域医共体，取得很大成功。

罗湖医改还走向海外。2020 年，医疗领域权威学术期刊《柳叶刀》以独立篇幅进行详细报道，称赞罗湖医改是建立医联体和整合型卫生健康体系的成功试点。

不负这座城市、这个时代，8 年探索让我实现"以居民健康为中心"的医疗服务模式梦想。

50 岁南下深圳，如今距离退休只有数月时间。这 8 年多来，罗湖给了我探索实现"以居民健康为中心"医疗服务模式梦想的机会。能在这个改革开放策源地进行一番探索，为行进中的健康中国建设积累一点经验，我备感光荣，感到不负这座城市、这个时代。

罗湖医改能取得一系列成绩，得益于"开放包容、敢闯敢试"的深圳精神。各级政府部门的支持和投入，居民的包容和认可，为罗湖医改创造了成长的沃土。有一次，我与深圳著名音乐人何沐阳交流，我开玩笑说你写个曲子《深圳，我来晚了》，表达我晚来了的"遗憾"。我想，如果我继续留在北方，到现在仍然会是一名知名医院院长，但是不会有我所探索的医改。

长期以来，我最重视的是辖区居民健康素养水平的提升。平时，我会经常到罗湖的社康中心转转，有时坐门诊，有时看能不能帮他们解决什么问题。一来二去，就和居民们熟悉了。每次一到社康，居民就指着我说，你看，老院长又来了。

2022 年初，罗湖医院集团邀请上海交通大学团队，共同研究制订罗湖医改 2.0 版本，核心在于结合健康中国建设，将健康融入所有政策。

万事贵在坚持。我衷心希望，未来不管遇到什么困难，罗湖医改的接续者能够不忘初心，将"以居民健康为中心"的医疗之路、医改之路、健康之路，坚持走下去，继续当好罗湖居民健康的守护人。

廖瑞光

口述时间
2023 年 2 月 22 日

口述地点
深圳市新村实业股份有限公司

廖瑞光

1969 年出生于罗湖。1999 年担任新村（黎围）麒麟队队长。2001 年带领麒麟队参加深圳市第一届龙、狮、麒麟舞大赛获得第一名。2007 年，"黎围舞麒麟"成功申报深圳市第一批省级非物质文化遗产项目。2008 年成为第一批深圳市市级非物质文化遗产代表性传承人。2012 年 12 月至今担任深圳市新村实业股份有限公司董事长、支部书记。

66

　　我是土生土长的罗湖人，也是罗湖非遗项目——黎围舞麒麟的第五代传承者。这些年，我不仅亲历了黎围舞麒麟这一百年非遗从后继乏人到薪火相传，也见证了罗湖在飞速发展中不断焕发新的活力。这个交汇着历史与现代的深圳发展根基之地，承载着人们最多的情感记忆。在这里，传统文化与现代生活相互碰撞，且伴随着时代发展不断交融、深度联结。

99

廖瑞光:
黎围舞麒麟在罗湖薪火相传、熠熠生辉

从失传危机到后继有人，黎围舞麒麟焕发新生机

我在水库新村出生长大。水库新村，是 1959 年修建深圳水库时，将位于库区内的黎围、草塘围、大埔、香园仔、大径村部分、菠萝山等 6 个自然村从库区移民搬迁合并而成的。其中，黎围村最大，占 6 个村 70% 左右的人口，而水库新村的麒麟舞就是从黎围村发源起来。

黎围麒麟舞，清光绪三十二年（1906）由郑氏兄弟创立，至今已有 110 多年。我至今仍然清晰记得小时候看村里舞麒麟的场景：表演者满身都是功夫，戴上麒麟，好像会飞的动物，又会跳，又会跨，很像武侠片里的大英雄。这让童年时的我很是崇拜，梦想着能成为他们中的一员。但是，因为村落搬迁和其他一些因素，等我长大，黎围麒麟舞却渐渐淡出人们的视野，销声匿迹了 20 多年。

到了 1999 年，30 岁的我意外地实现了童年的梦想。1998 年底，新村实业股份有限公司综合楼办公大楼落成，时任董事长郑煌安请来其他地方的麒麟队助兴，想起来黎围麒麟舞以前的名声，他也感叹麒麟名村竟然没有麒麟队。在过去的深圳客

家村落，一个村是否有麒麟队代表这个村的实力强弱，而麒麟队往往就等于武术队，麒麟套路本身也和武功一脉相承。改革开放后，村里经济发展了，村民富裕了，郑煌安董事长决定重振旗鼓，让黎围麒麟舞再次焕发生机。但一个现实的问题是，由于村里麒麟舞老师傅相继离世，不少麒麟舞的高难度动作当时已失传，且麒麟头制作工艺复杂，材料缺乏，本村已没有人会扎制麒麟头，黎围麒麟舞的保护传承迫在眉睫。

1999 年初，郑董召集村青年和员工一共 40 多人组成新村麒麟队，任命时任团支部体育委员的我担任队长。通过集中训练，在师父刘文光的教导下，新村麒麟队终于在过年前完成所有的表演动作，如采、引、提、吃、吐等整套麒麟武术，并于当年年初一在村里挨家挨户为每栋楼参拜家门，在小广场表演整套麒麟舞和武术，当时就产生很大的反响，年初二应邀请到布心

2000 年，应布心村邀请，进行春节表演

村、水贝村、大望村等村表演。第二年的春节，重建的黎围麒麟队就在新村舞了起来。

改革开放40多年，我们见证了深圳的变迁，也与罗湖一起发展成长。到现在，罗湖区本地村之中，只有我们新村（黎围）舞麒麟保留了下来。黎围舞麒麟已传承了110多年，一旦失去就很可惜，因此身为传承人，我有责任也有义务，去思考如何将这一非遗文化传承下去。

传承好，传承下去，离不开罗湖人的努力

多年来，我们新村麒麟队不断发展壮大。从第一代弟子郑虎臣、郑耀臣在江西、福建武夷山等地拜师学艺后回黎围村组建队伍，到我们第五代弟子在2001年参加深圳市龙、狮、麒麟舞比赛并获得全市麒麟舞第一名，新村麒麟队名声渐渐传开。后经罗湖区非物质文化遗产保护办公室挖掘整理，上报深圳市政府，黎围舞麒麟被定为首批深圳市市级非物质文化遗产保护项目。2007年，又被评定为广东省非物质文化遗产保护项目。2007年，我本人也成为第一批深圳市市级非物质文化遗产代表性传承人。如今，我们的麒麟队在业内已经广为人知。

将麒麟舞传承好、传承下去，有赖于村民和公司的支持。一直以来，我们水库新村的客家人在骨子里把黎围麒麟舞当作精神食粮，将传承和保护工作当作大家的使命、责任、义务。村民们让子弟参加，本身就是最大的支持。同时，公司支持也十分重要。麒麟队的发展离不开资金和管理，尤其是队员们和教练们的通力合作。

如今，我们麒麟队形成了相对成熟的运营模式，并获得稳定发展。每年，新村实业股份有限公司都会给予麒麟队 20 万元左右的经费，还会安排一次去外地学习、交流的活动。麒麟队由公司负责人分管，规模从建队时的 40 人扩大到现在的 80 人，队员分布香港、内地，包括村民及员工，还设专人管理财务、负责摄影等，分工明确，随时可以出队表演。

至今，我仍记得当年师父交代我的三句话：一是学会了不能自私地自己用，不能不传；二是学会功夫了，不能出去打架斗殴；三是一定要尊重师兄弟，要将技艺广泛流传，不要有门派之见。

传承就是继承和传播。作为传承人，也是主要负责人，我不仅将麒麟舞这一非遗文化原原本本继承下来，还思考如何更好地传播，让更多人特别是孩子们增强对传统文化的认知和体验。

廖瑞光给麒麟队讲课

目前，主要有几种形式：一是每年"六一"儿童节，举办"麒麟舞进校园"活动，与学生互动并表演，与水库小学、泰宁小学保持合作宣传，还固定进行讲课；二是2017年拍摄了片长半小时的黎围舞麒麟纪录片，专门作了主题曲，并于次年大年初一在电视台播出；三是每届罗湖区运动会开幕、闭幕都由我们新村的麒麟队助兴表演；四是每年的大年初一，舞麒麟成为最重要的新春活动，麒麟队挨家挨户为全村居民参拜家门。

黎围舞麒麟已写进我们村史中，麒麟文化也融入了本村世世代代的精神文化。凡是已毕业、品德好的麒麟队队员，优先在公司就业和重用，群策群力助推这一非遗项目的保护和传承。如今，老师傅全都已故，我们身为第五代黎围舞麒麟传承人，将一如既往建好制度，规范管理，分工有序，各司其职，通力合作，选好接班人才，使我们的麒麟文化能代代传下去。

麒麟队挨家挨户参拜

在非遗传承中留住罗湖记忆，见证罗湖发展

这些年，我在非遗传承中也见证了罗湖从"村"到"城"的跨越式发展。

我们水库新村的房子经过两三次重建，从 2 层建到 7 层，生活环境变得更加优美，生活也越来越精彩。这里有社康公园、操场还有各种商铺，就算半个月不出村子，也生活无忧。

改革开放以来，深圳罗湖的不断发展，让我们这些罗湖"土著"深受香港文化影响。十几岁时候，我也穿喇叭裤，穿高、中腰流行裤，染过头发，留过长发……

麒麟队大年初一参拜牌坊

　　"深圳改革开放看罗湖"，我对这句话深有感触。20 世纪 80 年代，生活在深港边界的村民可以凭过境耕作证到对岸香港去耕作，各村按村的大小分配耕种名额，我们新村就有差不多 10 个指标。当年，每个指标还要抽签或者选拔才有，期限满 1 年就要换人，以户为代表，大部分人都排着队。很多人都委托有耕作纸（证）的人到香港买货。慢慢地，有人先富起来。改革开放后，许多人的家里陆续有了电视机、收录机、冰箱……

　　香港人有一句话：只要勤劳，就饿不死。乘着改革开放的东风，罗湖得到了长足的发展，大量香港人带资金来这里投资，我们村也迎来多家港商创办来料加工厂。

　　"麒麟舞起来，生活好起来。"这是我们本地人的一句老话。可以说，黎围麒麟舞本身就包含着向往美好生活、勇于奋斗的精神内涵，这也是罗湖区"先锋精神、奋斗文化"的城区基因。当前，新时代的罗湖正书写深港融合发展的新篇章，我相信，改革开放的罗湖奇迹也会在此地不断发生和延续下去。

陈祥发

口述时间
2023 年 1 月 8 日

口述地点
罗湖区笋岗桃园路澳康达名车广场

陈祥发

口述者

Chen Xiangfa

1975 年出生，广东惠州人。澳康达董事长，现任罗湖区人大代表、罗湖区慈善会副会长。1999 年创办澳康达公司，2013 年建立 12 万平方米汽车交易综合体澳康达名车广场，2020 年创下吉尼斯世界纪录——全球最大二手车交易展厅。其间，澳康达多次荣登"中国二手车经销商百强企业"第一名。

66

　　跟许多男孩子一样，我从小就迷恋汽车，可以说是一个"车痴"。在我看来，每台车都具有独一无二的个性，都代表一段人生经历。体验不同的车，就像体验生活中不同的旅程。经历中有高峰，也有低谷，更难免碰上崎岖颠簸，但只要努力克服，谨慎驾驶，总能驶向坦途。

　　18岁时，我拥有了人生中的第一辆汽车。当时没什么钱，买的那辆车质量也很一般，经常需要维修。就是在一阵又一阵的维修捣鼓中，我慢慢熟悉了汽车构造，也切身体会到质量不好的汽车会给生活带来怎样的困扰。那时候，我就萌生了一个想法，要做一家"不把任何一台有瑕疵和毛病的车交给客户"的二手车企。

99

陈祥发：
我在罗湖建起全球最大二手车展厅

笋岗的仓库仿佛是为卖车"量身定做"

之所以选择二手车行业，是因为从事二手车经营的门槛比较低。对比来看，要开一家 4S 店，需要上千万元启动资金以及较为深厚的人脉关系。那时候，年轻的我没有足够的资本和能力。

当年，二手车还是个新鲜事物。很多人不愿意买二手车，总觉得要买新车才更"有面儿"。对我来说，要把二手车生意做大，就要到一个市场空间更大的地方。深圳是经济特区，毗邻香港，不仅经济繁荣，人的思想也更开放、更务实。于是，我打定了从老家惠州去深圳发展的念头。

24 年前，也就是 1999 年，我第一次来到深圳罗湖。罗湖给我的第一印象是车水马龙、热火朝天。那时候来深圳的创业者，人人都铆足了劲儿，想要在经济特区干出一番事业，闯出一片天地，我也不例外。

我来到深圳后做的第一件事，就是找一个适合做大宗商品交易的场所。被誉为"中国第一仓"的笋岗片区，是深圳重要的进出口货物流转中心，遍布各类仓库和露天货场。我到这里一看，就知道自己来对了。在我眼里，这些仓库就是为卖车而"量身定做"的。

最开始，我租的仓库离现在的澳康达名车广场不远，也就是现在笋岗城脉中心的旧址，一租就是8年。当时罗湖的二手车市场老车比较多，而且走的都是"寄售"模式，二手车企相当于一个中间商，为买卖双方提供中介服务，赚取佣金。我们来了以后，采用的是"经销"模式，先从车主那里把车买下来，整备之后再卖给买车的顾客。这就相当于顾客直接从我们这里买车。卖出的车子有任何问题，客户都可以直接来找我们解决，这样的模式对客户来说售前售后都更有保障。

凭借着独特的经营理念，我创办的二手车公司——澳康达很快就在深圳二手车市场销量榜上排到前几位。2006、2007年的时候，我们的员工就有好几百人了，每个月也能卖好几百辆

深圳澳康达名车广场

车。随着员工增加和业务量上升，我渐渐感觉到场地不够用了。当时，场地的租金不便宜，每个月利润的20%要交房租，刚好又碰上业主想要收回这片场地。

人的潜能，有时候就是逼出来的。我做了一个重要的决策：买下一块土地，建立自己的物业。我的想法是，有了自己的物业就不用交房租了，经营成本也就降下来了，同时抗风险能力更强，而且物业本身也会保值增值。现在回想起来，当时的这个决定十分正确。

场地问题可以说是我创业以来遇到的最大困难，克服之后其实是把坏事变成了好事。2007年，澳康达有幸在罗湖笋岗真正扎下了根，我开始建设澳康达名车广场。

一砖一瓦建起"全球最大二手车展厅"

2013年是我事业的另一个转折点。那一年，深圳澳康达名车广场正式投入使用。这个总投资8亿元，项目占地1万平方米，总建筑面积12万平方米的二手车展厅，在2020年创下了"全球最大二手车交易展厅"吉尼斯世界纪录。

自建二手车展厅的这个设想，也是从服务客户的角度出发。我当时就想，客户花一两千块就能在五星级酒店享受舒适的体验，而客户来我这里买车，消费几十万元甚至上百万元，为什么就不能为客户打造一个五星级的购车环境呢？

当时深圳很多二手车销售场所都是露天的，而我要打造的是一座像五星级酒店的二手车交易展厅，一座汽车发烧友的梦想殿堂。在那期间，我和团队遍访全球汽车博物馆、世界著名汽

2020 年，澳康达名车广场创下了"全球最大二手车交易展厅"吉尼斯世界纪录（受访者供图）

城以及高端建筑。最终，2013 年澳康达名车广场在罗湖笋岗建成了。

全球最大的二手车交易展厅有多大？澳康达名车广场总建筑面积 12 万平方米，内部共有 6 层立体汽车展厅，面积达到了 7.3 万平方米。这里每一层展厅都经过科学分区——对标品牌同层展示、同一品牌集中陈列、同系列车型有序摆放。涵盖劳斯莱斯、宾利、保时捷、奔驰、宝马等全球各类汽车品牌。

这是一栋为汽车量身定制的建筑，包括二手车交易中心、评估收购中心、车管所服务站、金融中心、客服中心、售后中心、精品中心……展厅虽然大，但客户逛起来一点也不累。汽车交易的各个环节，几乎都能在这里一站式完成，非常便捷，当时在国内也是独此一家。

从 2009 年到 2013 年，历时 4 年，看着心中的"梦想车库"从一砖一瓦开始建起，到最终建成罗湖笋岗的地标性建筑，正如"笋岗"这个地名的寓意一般，澳康达也像春笋一样在罗湖

深圳澳康达名车广场内部（受访者供图）

这片热土上茁壮成长、枝繁叶茂。

澳康达名车广场开业的那一天，我非常激动。来到这里的客户，也都觉得非常震撼。从那时起，我觉得我们不单单打造了一个二手车行业的标杆性建筑，也是用一种服务客户、提升客户消费体验的初心引领整个行业。

"以客户为中心"持续创新，稳扎稳打

2014 年，澳康达名车广场开业的第二年，我迎来了事业中的另一个挑战。那一年，深圳发布了汽车限购相关政策。

限购令一出，对深圳汽车行业冲击还是比较大的。当时，公司有上千名员工，不少同事都很忐忑，有些同事甚至直言想转行。我当时想，无论如何我自己首先要坚定信心，同时也对

未来形势做了一些评判。我的结论是，限购不是禁购，即便限购，二手车行业的存量市场还是很大的。只要有市场，生意就有得做。再后来，在公司上下的共同努力下，我们克服了困难，生意也慢慢恢复了起来。

回顾澳康达这 20 多年来，碰到的大大小小的问题非常多。我的经验就是不放过任何一个公司经营的小问题，不要等到小问题演变成大问题才去想办法解决，而是应当在日常工作中及时进行修正与纠偏，把每一步走踏实、走稳健。

我觉得澳康达一路走来，之所以能够成为中国二手车领军企业，核心有两点。一是工匠精神。对每一辆车，我们的把控都非常严格，从经验丰富的评估师团队，到车辆进入售后中心进行整备，再到车辆上市质检部门再次审核，从细节出发，完成对二手车的全新"洗礼"，以此保证"不把任何一台有瑕疵和毛病的车交给客户"。二是共赢。实现企业与客户的共赢是我们想要达到的理想状态。我们推出的"公平卖"收购模式，其理念就是让每一个在澳康达卖车的客户都能清楚地知道，他的车通过澳康达的整备后，我们卖了多少钱。我们的毛利不超过5%，如果超过 5%，会将超过部分的 50% 返给原车主。这么做的目的，就是要透明，用诚信牢牢地把握住客户，做好口碑。

除了"公平卖"收购模式，澳康达还颠覆行业规则，首创"一口价"销售模式，践行微利经营。一家企业想要做得长久，就不能走暴利、赚快钱，而是应当践行微利模式，最大程度让利给消费者，这才是长久的经营之道。

澳康达始终坚信，只有具有奋斗的文化、创新的精神，企业才不会落后。这与罗湖区提倡的"先锋精神、奋斗文化"城区精神十分契合。

政府与企业就像一对共同成长的良师益友

澳康达成长的每一步，都离不开罗湖区政府的帮助与扶持。在我看来，澳康达跟罗湖区政府的关系就像学生与老师的关系。区政府给了我们很多指导，也给了我们很多实实在在的帮助。

例如2022年底，罗湖区商务局推出"岁末新车、二手车购置补贴"促消费活动。活动期间，个人消费者在罗湖区指定汽车经销企业处购车可享最高15000元的购车补贴。区里还为我们企业提供周转指标，对汽车流通和交易起到了很大的帮助。通过周转指标，2022年，我们的销量取得了明显上升，每个月交易量接近2000辆。此外，罗湖区还为我们企业申请了人才保障房，减轻了员工的生活压力，也让我们的员工更有归属感。

在这种良师益友般的关系之下，我们也会全力把企业做好，把业绩做好，不辜负"老师"的期望，同时也尽可能担负起企业的社会责任，用实际行动回报罗湖、回报社会。

2013年，澳康达慈善基金会成立，平均每年投入2000万元资金，在扶贫济困、资助孤老残障、促进教育事业发展、环境保护等多个领域参与慈善公益。

从1999年到2023年，我在罗湖这片热土上挥洒了青春。当年的罗湖以传统商贸为主，现在除了汽车行业，电商等各种新业态也都蓬勃发展，我认为，未来罗湖将会迎来加速度的发展，希望澳康达能够与罗湖一起加速前进。

从笋岗发芽，在罗湖扎根，再开枝散叶到全国各个城市，我希望我和澳康达在罗湖的奋斗故事能够继续下去，长长久久。

苏六河

口述时间
2023 年 2 月 20 日

口述地点
深圳市苏六河沉香博物馆

苏六河

口述者

Su Liuhe

1973 年出生于福建省泉州市雕刻世家。17 岁起师
承中国工艺美术大师黄泉福学习雕刻艺术，现为一
级／高级技师，中国高级工艺美术师，中国木材
标准化技术委员会《沉香》行业标准制定主要起草
人，沉香产业国家创新联盟专家委员会的六名全国
专家之一。深圳市沉香行业协会会长，深圳市苏
六河沉香博物馆馆长，深圳市罗湖区第五届政协
委员，著有《沉香之美》《沉香之美 2》。2014 年
获首届全国香王大赛"香王"称号，专注沉香名
木雕刻。

"

　　一寸一金，集百年时光灵气淬炼，说的正是沉香。作为一名怀抱着梦想来深圳圆梦的雕刻艺术家，2000年我来到罗湖之后，根植这片文化沃土，不仅实现了创业梦想，还与沉香开启了缘分。从雕刻艺术到推广沉香文化，从成立沉香协会到建立沉香文化城，20多年来，罗湖大胆创新的先锋精神不断激励我，推动我以沉香为载体，砥砺前行，推进以罗湖为中心的沉香文化、收藏和产业发展，让罗湖的芬芳香气，香飘万里。

"

苏六河：
以沉香的馥郁芬芳，
推动罗湖"香"飘万家

创业首选罗湖，在传统与坚守中探寻沉香文化根脉

　　我的故乡泉州惠安有着精湛的民间雕刻技艺。从小的耳濡目染使我对雕刻产生了浓厚的兴趣，并立志一生从事雕刻艺术。拜师学艺之后，我勤学苦练，雕工日益精进，作品屡获大奖，得到认可的同时，我也激励自己不断去开拓新的天地。

苏六河在进行雕刻创作（受访者供图）

当时我想出去闯一闯，扩大自己的见识，第一个就想到深圳。深圳是改革开放的前沿地，包容性和开放度在全国首屈一指。

2000年我27岁，来到深圳的第一站就是罗湖。在罗湖火车站，我一眼看到的就是人山人海，朝气蓬勃。罗湖是改革开放的起点，深圳最早的中心城区，创造了"深圳速度"。尤其当我来到东门老街，我的内心更受到了震动。

"不去东门老街，就不算来过深圳。"在深圳，常年流传着这句话。"东门"是深圳最繁华的地方，人潮汹涌，商业气氛浓郁，让我深深感受到这里的魅力。当时，罗湖的文化气氛活跃，市民对文化艺术的接受度很高，也聚集着各行各业精英人士，于是我决定在此创业。在东门的鸿基大厦，我开启了人生奋斗的新篇章。

苏六河的雕刻作品（受访者供图）

在罗湖创业的过程中，我渐渐对沉香文化产生了兴趣。2005 年，一些客户会拿着沉香给我看，之前我在福建的时候没有接触过，但了解了一些沉香的知识之后，我就无可救药地喜欢上了沉香，一心想研究沉香文化的根脉。

自古以来，中国人常说的四大名香"沉檀龙麝"中的"沉"，就是指沉香。沉香，又名"沉水香""水沉香"，是自然界极为稀少的香料资源，因香气高雅、取得困难，自古就被列为众香之首。沉香树因病变开始结香后，会经历一段漫长的生长周期，少则需要几年，多则需要十几年的时间，但一块相对优质的沉香木材料要数十年甚至上百年才能形成，产量稀少，市场需求大，因此十分珍贵，具有很高的收藏价值。

为了研究，我特地去了深圳仙湖植物园"回归林"观察沉香。1997 年，2000 多名深港青年在那里按中国版图图案种下的 1997 棵土沉香木，现今已枝繁叶茂。此后，我开始潜心研究沉香与岭南文化之间的关系。

沉香文化是中国传统文化史上的一大瑰宝，是中国文化繁荣的重要组成部分。早在汉晋时期就有笔墨记载，张骞出使西域开启丝绸之路，各种香料始入中原，沉香也在其中。也是从那时起，沉香文化开始发展起来，到如今已经有 2000 多年的历史。

沉香文化底蕴之深厚，让我叹为观止。在我看来，沉香之美，美在物质，更美在精神。罗湖的城区文化是鼓励创新，大胆去想、去尝试，这也给我的创作带来新的思考。我将雕刻与沉香结合起来，刻苦钻研沉香雕刻技艺，努力让沉香雕刻艺术成为一门真正属于自己、属于大众的艺术。

众人拾柴火焰高，推动成立国内首个沉香行业协会

为了让更多人了解沉香文化，2010 年，我在罗湖笋岗成立了深圳市沉香之美工艺品有限公司，主营沉香雕刻艺术品、收藏品。公司发展得很好，之后在北京、广州、福建等地也开设了分店，专业经营沉香工艺品。从 2012 年至今，我还编著出版了《沉香之美》等书，承载了我对沉香文化的思考以及对生活的态度。

俗话说："众人拾柴火焰高。"推广沉香文化，光靠个人是远远不够的。2015 年 10 月 8 日，经我牵头，由深圳市各大沉香企业、各大沉香收藏家、爱好者共同发起组织的深圳市沉香行业协会和深圳市棋楠沉香收藏协会在罗湖成立，共同致力于沉香文化的传播与弘扬、推动沉香产业的发展。这也是全国首个以沉香文化为主题的行业协会。

选择在罗湖成立，自然也是有原因的。首先，罗湖是深圳商业的发源地，是全市商业底蕴最深厚、商业氛围最活跃的城区，这里有古玩城、东门、万象城等人气极高的商圈，商业基础扎实，交流活动频繁。再加上罗湖毗邻香港的地缘优势，吸引了很多港澳的同行。

其中，当然还有我个人的情感因素。我来到深圳的第一站就是罗湖，也是在罗湖我开启了与沉香的"缘分"。于是，我更愿意将沉香文化的根，深深扎进这片充满希望的热土里。

深圳沉香文化城（受访者供图）

突出规模聚集，打开产业发展"蓝海"

时至今日，我仍然记得很清楚，2016 年 6 月，中国（深圳）国际沉香文化博览会在深圳会展中心 9 号馆开幕。当时，许多沉香知名专家学者、国内外各沉香协会代表都来参与，展览范围涉及沉香工艺品、沉香制品、沉香贵重收藏品、香器香具等。展会现场十分火爆，观展观众热情高涨，好评如潮，可见大家对沉香文化的热情。

沉香新生活，香聚心生活。正是从这次展会开始，我留意到其实许多人都渴望了解和学习沉香文化，但不知道去哪里学。于是，我决定成立一家沉香学院。2017 年 7 月，中国深圳沉香学院正式在罗湖成立。它的目标是培养中国沉香文化产业综合人才，打造中国沉香一流文化产业学习交流平台，实现沉香产业化、专业化培训，让更多人认识、了解、感悟沉香。

苏六河沉香博物馆（受访者供图）

在我看来，以罗湖为起点，随着沉香产业在深圳的发展，成立沉香文化城，产生聚集效应是顺势而为。2016 年 11 月，中国深圳沉香文化城揭牌仪式暨深圳沉香交易精品展在罗湖区沿河北路的沉香文化城举行。这也是罗湖创新思维，整合资源创新举措推进沉香产业发展的"大手笔"。

沉香文化城主要是打造集文化创意、商务洽谈、休闲、文化娱乐、旅游（游客）集散为一体的深圳市地标型文化综合体。罗湖的地缘优势赋予沉香文化城可根植的文化内涵。

沉香文化城的主体是"一馆两中心"。其中的一馆，就是深圳市苏六河沉香博物馆，是全国首个以沉香文化为展示内容的民营博物馆，也是目前中国最大的古代沉香博物馆之一。

这些年里，自从开启与沉香的缘分之后，我持续在全世界范围收藏沉香精品。我去过日本、美国、英国等，斥资购买了一批沉香精品。在苏六河博物馆，展示了我收藏以及雕刻的沉香珍藏品 300 余件，以明清至现代沉香雕刻艺术工艺品"文房四宝"物件为主。

对这个博物馆，罗湖区政府也十分支持，给予一定的门票补贴。这一举措也是为了让博物馆能向更多的人展示沉香历史及珍贵文物，普及沉香文化，薪传和弘扬沉香文化精神。

"两中心"，指的是中国深圳沉香交易中心和中国深圳沉香鉴定中心。它们的建立，进一步完善产业链，使得沉香文化城既是展示的大平台，同时也成为罗湖的一扇沉香文化交流的窗口，这对传承、弘扬传统文化起到了促进作用。

虽然深圳并不是沉香主产地，但沉香产业需求稳定，传统产品消费持续增长，再加上人们对生活品质的追求不断提升，赏香爱香群体日益壮大，沉香日用化也为沉香产业打开了一片"蓝海"市场。

择一城而栖，逐一梦同行。作为一名雕刻家，我很幸运，年轻时就在深圳罗湖这片锐意前进、不断开拓的热土上，种下梦想，实现梦想，与罗湖一起成长与发展。同时，我也希望通过努力，让沉香文化在这里发展得更加枝繁叶茂。今后，我将继续以传承发展沉香文化为己任，扎根罗湖，推动罗湖的沉香文化和沉香产业走向更宽广的世界。

卢礼杭

口述时间
2023 年 3 月 6 日

口述地点
罗湖区 IBC 环球商务中心

口 述 者

卢礼杭

Lu Lihang

1969 年出生于广东普宁，1987 年来深，从珠宝学徒做起，一步一个脚印，成为中国珠宝平台运营模式开创者，现任深圳市水贝珠宝集团有限公司董事长。在以他为代表的一批珠宝人的努力下，水贝片区从零散的珠宝首饰加工作坊发展成为如今中国黄金珠宝的源头集散地。

"

1987 年，我来到深圳，一脚踏进了珠宝行业，一转眼就快 36 年了。

这 30 多年里，有汗水，有泪水，有失落，有成功。我亲眼见证了深圳发展成为如今的国际化大都市，也亲身经历了水贝片区由零散的珠宝加工作坊一步步成长为如今的"中国宝都"，并不断向"世界宝都"迈进。

如今，这片全国最大、发展水平最高、产业链条最完善的黄金珠宝集聚区，已成为罗湖区最亮丽的产业名片之一，在市、区两级一系列的政策利好支持下，正在向高质量发展的大道上一路狂飙。

"

卢礼杭：
"中国宝都"从罗湖水贝起步

行业起步以"三来一补""前店后厂"为主

1987 年 8 月，高中毕业的我坐着长途汽车一路颠簸，来到了深圳。当汽车驶入罗湖时，我看到了一个与老家县城截然不同的景象。繁华热闹的东门、百米高的国贸大厦，这里的一切都让我惊叹不已。

听说"深圳遍地是机遇"，但以我的高中学历，再加上一口夹杂着客家口音的普通话，我当时的求职之路并不顺利。跌跌撞撞了 4 个月后，我才找到了第一份工作。

在位于福田的深圳市艺华珠宝首饰有限公司，我从学徒做起，慢慢成为公司市场业务的核心力量。这份工作，我整整做了 13 年。

刚来的时候，深圳的珠宝首饰行业并不发达，小企业居多，且零星散落于沙头角、人民南、水贝等地，主要借着当时深圳经济特区"三来一补"的政策，加上紧邻香港，承接了珠宝产业转移，尤其是珠宝首饰加工。很多所谓的珠宝首饰企业其实就是小加工作坊，前面是门店，后面就是加工厂房，"前店后厂"模式几乎是当时深圳珠宝首饰行业的缩影，更遑论让这些

1985年，水贝工业区刚刚起步（刘廷芳 摄影）

企业研发产品、打造品牌了。

当时，水贝万山片区的珠宝首饰加工业的规模与沙头角片区相比还要小一些，这片不大的片区里除了珠宝首饰加工，还有服装批发、汽车维修等其他行业。回过头来看，当时的我无论如何也不会相信，水贝这片土地未来会成为中国黄金珠宝产业的制高点。

乘改革春风，水贝珠宝蓄势升级

1996年1月18日，经中国人民银行深圳经济特区分行批准，深圳市首家黄金珠宝专业市场——深圳黄金珠宝广场正式开张迎客。5月25日，深圳黄金珠宝广场开始试行金饰品零售价新的标价方法，其足金饰品的挂牌价随当日国内金饰品批发进货价的变化而浮动，这种挂牌价方法开始接轨国际通用做法。2002 年 10 月，上海黄金交易所开业运营，结束了新中国黄金不能自由买卖的历史，由国家严格控制的黄金开始走向市场。

改革的春风，吹皱了一池春水。中国黄金珠宝产业一步步迈向市场化，越来越多的企业相继进入市场，铂金及镶嵌饰品成为珠宝首饰新兴门类，技术工艺革新与自主研发设计也日渐受到重视，珠宝首饰产业开始呈现集约化与品牌化的发展趋势。也是借着这股春风，2000 年，我辞职下海，成立了深圳市雅诺信珠宝首饰有限公司，开始了在水贝打拼的岁月。

2002 年时，水贝和万山两片工业区已经集聚了 200 多家珠宝首饰企业，其中生产、销售、设计、设备等企业兼备，产业链条齐全。但是，碎片化的企业分布、捉襟见肘的厂房土地，老旧且不健全的配套设施严重制约了水贝片区黄金珠宝产业的发展。当时，罗湖区政府出台了一系列扶持政策，极具针对性地解决了这些问题，同时也吸引了深圳乃至国内的珠宝企业和从业者纷至沓来。

2004 年，我们公司创建了水贝国际珠宝交易中心，这座大型珠宝专业市场为众多知名珠宝品牌和实力厂商提供了产品集中展示平台，也为海内外珠宝商来深采购、交易提供了集约化便利。更重要的是，"前店后厂"的传统模式彻底被抛弃，集中化的珠宝首饰企业开始加强原创设计，打造特色品牌，这进一步提升了水贝黄金珠宝产业在国内市场的竞争力和品牌力。

这些年，水贝黄金珠宝产业的集聚，进一步加强了虹吸效应。随着产业政策、产业配套、产业环境不断完善，水贝片区吸引了越来越多珠宝企业入驻。时至今日，水贝片区有黄金珠

2005 年 12 月，水贝国际珠宝交易中心

宝产业法人企业约 7000 家，1 万平方米以上专业批发市场达到 10 个，行业从业人员超过 7 万人，年营业收入超过 1000 亿元，约占国内黄金珠宝批发市场份额的 50%……当产业集聚的程度越来越高，水贝成为全国黄金珠宝业的高地，也是自然而然的事情。

"中国珠宝看深圳，深圳珠宝看水贝"成共识

"中国珠宝看深圳，深圳珠宝看水贝。"这句话已成为珠宝首饰圈的共识。

2008 年的金融危机，对于全球经济而言是一记重击。国际珠宝市场消费下滑严重，尤其彩色宝石领域，很多出口彩色宝石的国家在国际市场上严重受挫。然而，中国经济一枝独秀，

巨大的市场和消费潜力让国际珠宝商看到了商机，国际珠宝商纷纷开始关注中国市场。水贝作为中国黄金珠宝业的"半壁江山"，也开始加入国际珠宝市场的产业链中。可以说，水贝珠宝能够走向世界，背靠的是我们日渐强大的祖国。

2013 年前后，水贝珠宝企业组团去泰国采购彩宝石原料，明显感受到了当地矿主和商家的热情。当时泰国的副总理还有商务部部长都来接见我们，他们知道我们的采购量大，希望和我们建立长期合作。再后来去塞尔维亚、印度等国家，都是副总理或者部长级别的官员来接见。那一刻，我们真正感受到：水贝珠宝在世界上拥有了一席之地，也真正加入了世界珠宝产业的合作与竞争中。

在 IBC 环球商务中心，有一面"世界珠宝墙"，由来自"一带一路"沿线 30 多个国家和地区的 170 多种宝石组成，也是吉尼斯世界纪录认证的全球迄今"面积最大、珠宝种类最丰富"的宝石壁画作品。在收集过程中，我们不断与各国及各矿区建立联系，从而搭建起一个珠宝文化、科技、贸易、交流的舞台。可以说，这面珠宝墙是水贝珠宝人与世界各国珠宝产业交流合作的结晶，也是一扇"让世界看到水贝、让水贝走向世界"的窗口。

让水贝走向世界，借珠宝文化讲好中国故事

"少年子弟江湖老，红粉佳人两鬓斑。"一转眼，30 多年过去，我也从一个青涩的少年变成了早生华发的中年人。但不经意间，总是能回想起初到罗湖时，坐在长途大巴里、用充满好

奇的目光看着窗外景色的那个 18 岁的自己。

如今，深圳第一高楼从国贸大厦变成了平安金融中心，狭窄而泥泞的深南大道也已变得宽敞平坦，就连我开始打拼的水贝，也从破旧工业区变成了国内最大的珠宝产业园……但在我内心深处总有一个声音：当一切看似"功成名遂"，就是水贝珠宝人重新出发的时刻。

2022 年下半年，《深圳市罗湖区促进黄金珠宝产业高质量发展行动方案》和《深圳市罗湖区支持黄金珠宝产业高质量发展若干措施》相继出炉，以针对性的行动措施和激励举措，再度推动珠宝产业结构调整升级，助力企业高质量发展。2023 年 1 月，深圳市发布《深圳市现代时尚产业集群数字化转型实施方案（2023—2025 年）》，提出到 2025 年，推动现代时尚产业集群高端化、数字化、品牌化发展。

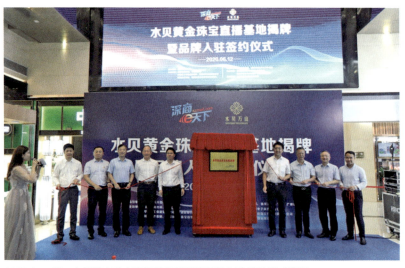

2020 年 6 月，水贝黄金珠宝直播基地揭牌暨品牌入驻签约仪式举行

让人欣喜的是，在新一轮政策扶持和激励下，水贝珠宝正从文化艺术提升和品牌力建设两方面努力，提升国内外品牌形象，孵化和培育个性化品牌，充分利用毗邻口岸的区位优势，搭上口岸经济带的发展快车，让珠宝时尚产业得以在水贝这块土地上生根发芽，做大做强。

水贝珠宝产业集聚区，也是深圳打造国际滨海旅游标杆城市的一张特色名片。接下来，水贝珠宝要以"文化创意＋传统产业"融合发展打造特色优势，通过数字化转型升级，打造耳目一新的黄金珠宝直播基地，吸引国内外网红和游客前来。同时，要加强中国风珠宝的设计，通过珠宝文化建设，提升强化水贝的文化特点，通过珠宝向世界更好地讲述中国故事，传播中国文化。

缪亚莲

口述时间
2023 年 3 月 2 日

口述地点
罗湖区太平洋商贸大厦

缪亚莲："国民零食"从
罗湖生根发芽开枝散叶

缪亚莲

口述者

Miao Yalian

1982 年出生，上海人，深圳市自然派食品有限公司总经理，现任罗湖区政协委员、深圳市食品行业协会会长、深圳市商业联合会常务理事、深圳市零售商业行业协会副会长。2004 年加入自然派，率领团队重点规划建设终端自营体系，实施"机场、高铁、地铁名店"等经营策略，走向全国市场的发展战略，打破了传统单一的经营模式，以全渠道、多品牌的发展思路试行深圳、辐射全国，让香港知名零食品牌发展成为深圳"老字号"，打造中国食品界百年品牌。

"

　　1995 年，创立于香港的"自然派"进驻内地市场，扎根经济特区深圳，设立罗湖总部，开始了从深圳走向全国的品牌之路。2004 年，我从上海来到深圳罗湖，帮助自然派在内地拓展市场。十余年间，我有幸见证了自然派在罗湖生根发芽，散播全国各地，一步步发展成为国民品牌。

　　让香港知名零食品牌成为深圳"老字号"、中华"老字号"，是自然派的愿景。如今，我本人还担任深圳市食品行业协会会长，推进食品供应链生态建设，整合资源助力中小食品企业的品牌化发展，引领建立行业标准，为罗湖高质量发展续力添薪，这些都是我的新使命。

"

缪亚莲：
"国民零食"从罗湖生根发芽开枝散叶

乘着改革开放春风香港零食品牌跨过深圳河"找娘家"

1969年，自然派品牌在香港成立，我们的第一间商铺开在尖沙咀海港城屈臣氏里面一个只有3—5平方米的场地，在约1.5米高的货架上开始了自然派的前行之路。

当年一份报纸一毛钱，一本周刊六毛钱，自然派一个月的销售额就能达到30万—40万港币。后来，自然派开始稳健发展，我们品牌陆续进驻到香港的百佳超级市场以及众多香港知名的大型商超，收获了广大香港市民的喜爱。20世纪80年代，自然派已经在香港与各大KA（重要客户）卖场建立了战略合作，并成功打出了品牌知名度，成为香港家喻户晓的零食品牌。

同一时期，内地改革开放的消息传到了香港，毗邻香港的深圳正不断焕发新的生机。我们就想，自然派零食在香港卖得很好，是不是可以让内地的同胞也有机会品尝到香港的本土零食？罗湖桥横跨深圳河，连通深港。于是在1995年，乘着改革开放的春风，自然派来到深圳，在罗湖建立了自然派罗湖总部公司，开始了内地市场的拓展之路。

　　作为一家港资企业，来之前其实心里也没底，大家都抱着一种"摸着石头过河"的心态。来了之后，我们发现罗湖区整体环境让公司从上到下感觉特别亲和。举一个实际的例子，因为罗湖毗邻香港，当时这里使用的语言、用人的方式等与港资企业十分契合。不仅如此，作为深圳最早的建成区，深圳的中心城区之一，罗湖也是全国改革开放先行地，这里的营商环境优越。罗湖区委、区政府想企业所想，从企业营业执照办理、办公场地和用人等方面，给我们提供了诸多帮助，让自然派能够很快在深圳站稳脚跟，这给了我们很大的信心。对我们来说，就像是"选对了娘家"。

从罗湖走向全国，"国民零食"成为无数人的味蕾记忆

　　罗湖总部公司刚成立，我们的办公地点便设在深圳第一家，也是当时最大型的商业广场——佳宁娜友谊广场。在这里，自然派的业务从食品批发起步。此后，我们还在大鹏建成了自己的食品生产工厂，在全国开起了专卖店，开始了以深圳罗湖总部为中心辐射全国的发展之路。

　　自然派在内地的第一家专卖店开在东莞，因为是香港的零食品牌，当时我们卖的蜜饯都是以"两"作为计量单位，而且店里的零食大多是大家没有见过的。我记得开业当天，顾客排队的队伍从二楼门店一直排到了一楼，又排到了马路上，场面

十分壮观。就这样，自然派以口口相传的方式获得了内地消费者的喜爱。

自然派的发展，一直与罗湖相生相伴。作为改革开放前深圳仅有的两个陆路口岸之一，罗湖口岸是连接香港和内地的第一口岸，以一座双层人行天桥与一座铁路桥连通深港。2007年，罗湖口岸开通了旅客自助查验通道，成为内地首个启用旅客自助查验通道的口岸。同年，自然派也将罗湖首家专卖店开在了这里。

2007年，罗湖口岸的出入境旅客达到了惊人的1.78亿人次。据此，我们获得了巨大的客流量红利，罗湖口岸店一开业便客流云集。我们的产品丰富多样、价格实惠，货架经常会被

2007年，自然派在罗湖区的首家门店 —— 罗湖口岸店开业

一扫而空。旅客到一个地方旅行，一定会去尝一尝当地的零食，顺便带点手信回去。在罗湖口岸，香港朋友过境来内地买到我们的产品，感觉吃出了童年的味道。内地朋友不用再去香港，在口岸就能买到具有浓浓港味的产品，这也更好地促进了深港两地的交往。

事实上，随着全国交通方式的快速转型，2005 年后，我就带着团队开始实施"机场、高铁、地铁名店"等经营策略，开启了走向全国市场的发展战略。

在中国高铁高速发展的几年中，我们曾经单月内在全国开出了几十家门店。当时，人员招聘的速度远跟不上门店拓展的速度。有一次，在人生地不熟的北京，第二天门店就要开业了，我们只有三个女员工，还有 800 多箱货要上。北京的冬天飘着

2004 年，缪亚莲（左二）与员工在罗湖公司总部产品展示区

大雪，我们啃着红薯、咬着牙，连夜完成了上货工作。就是通过这样坚持不懈的努力，我们一步步将自然派门店扩展到了全国各个地方。

目前，自然派在全国的门店数量达到 368 家，并保持着 20% 左右的年销售增量。近年来，随着新零售业态的兴起，我们也积极拥抱变化，在数字化转型方面尝试突破。

近年，自然派实现线上线下一体化增长驱动业绩，公司的新零售实现了多场景、多触点的跨界合作。譬如，通过粉丝运营、会员服务等，提升用户体验，同时通过数字化用户行为分析，开发增值服务等获得潜在客户。此外，我们还通过大数据智能化运营，在产业互联网的框架下，打通供应链体系、销售体系、交易体系等各个环节，并建立产业标准。

"一群人、一件事、一辈子"，谋划区域性"食品集散中心"推动高质量发展

做食品行业，品质始终是最重要的。在罗湖迈步高质量发展的当下，品牌既代表着企业的竞争力，也是消费者认可的标签。

50 多年来的发展过程中，自然派始终秉承"一群人、一件事、一辈子"的发展理念。多年来，罗湖区委、区政府在行业法规建设、食品溯源等方面的规范，也为我们坚定品牌发展战略、产业赋能提供了保障与支持。

自然派连续四年上榜"中国连锁品牌质量 50 强""中国品

牌连锁影响力百强""深圳市行业领袖百强企业""深圳商业40年十大领军品牌"，并获"深圳市行业发展贡献奖"。在2022年的"深圳老字号企业复审颁牌仪式"上，也继续荣获"深圳老字号"的称号。目前，自然派正以罗湖企业的身份申报"中华老字号"。未来，我们将对一系列产品包装重新改进，推出"深圳土特产"新品类，努力把深圳的食品推广到全国各地，进一步助力深圳、罗湖提升知名度。

作为深圳市食品行业协会会长、罗湖区政协委员，我一直在思考行业标准、品类标准建立等问题。目前，上海等一些城市都有自己的食品集散中心，而深圳正缺少这样一个地方。香港、澳门食品产业资源丰富，我希望能够将深港澳三地资源进行整合，团结食品行业的力量，在罗湖打造一个全国性的集销售、业务交流等为一体的"食品集散中心"，助力深圳、罗湖高

2010 年，缪亚莲在自然派东门店

质量发展。平时在和香港食品企业交流时，我也常常向他们描述罗湖优越的营商环境和政府无微不至的帮助，鼓励他们来罗湖发展，并成功引进了香港知名的中国鲍鱼股份有限公司等企业落地罗湖。

自然派以深圳罗湖为全国总部，几十年砥砺深耕，也见证了城区的高速发展。2023年是全面贯彻落实党的二十大精神的开局之年，也是罗湖高质量发展的关键之年，自然派将驰而不息，以打造知名食品品牌为己任，为消费助力，为发展赋能，为罗湖高质量发展贡献自己的力量！

黄西勤

口述时间
2023 年 3 月 22 日

口述地点
罗湖区中海慧智大厦国众联集团总部

黄西勤：资产评估行
业从罗湖扬帆起航

黄西勤

Huang Xiqin

1971 年出生于广东惠阳，1992 年来到罗湖涉足资产评估行业，现任全国人大代表，广东省人民政府参事室特约研究员，广东省新的社会阶层人士联合会会长，国众联集团董事长。1998 年 5 月，其创立的国众联从深圳罗湖起航，从小到大、从弱到强，一路发展为如今具备多种资质的专业咨询顾问集团，成为行业领军机构。

　　　　"

　　　　资产评估，是财富管理中重要的基础工作，被誉为资本市场的"守门人"。以罗湖为出发点，我创立了国众联集团，目前集团旗下分支机构遍布全国多地，但集团总部依然设在罗湖，这是我对罗湖最深情的"告白"，也透露着我带领国众联助力罗湖高质量发展，助推"三力三区"建设，尤其是建设具有国际市场辐射力的现代服务业集聚示范区的坚定信心和决心。

　　　　　　　　　　　　　　　　　　　　　　　　　"

黄西勤:
资产评估行业从罗湖扬帆起航

罗湖是改革开放先锋地,众多评估企业从这里起家

我对罗湖有很深的感情。1992 年,大学毕业的我只身来到罗湖,顿时便被这里热火朝天、一往无前的干事创业氛围打动。"桥头堡""试验田""先锋地"……身处罗湖、身处经济特区,你很难不被这些满怀激情的字眼感染。

位于清水河重点片区的国众联集团总部

20 世纪 90 年代初，国内评估行业仍处在摸索阶段，整个行业面临着资源不足，行业认知度、认可度不高，各方面体制机制还不成熟等问题。罗湖是深圳最早的建成区，所以区位优势明显、基础设施完善、交通条件便利、行业资源聚集……

　　我记得，当时特区内相关评估企业几乎都落户在罗湖，逐渐云集了众多专业人才。大量优秀公司的集中，也形成了罗湖人才集聚优势，这对我一个新人来说是幸运的。当年，我也是"初生牛犊不怕虎"，凭着一股闯劲在评估行业奋力打拼，从最基础的工作做起，努力汲取专业知识和工作经验。那时候的我，动起脑子、迈开双腿，整天背着背包、拿着文件袋，活跃在罗湖的大街小巷和各个写字楼。

　　罗湖与香港山水相连、人文相亲，这对于评估行业发展有极其重要的助推作用。因为罗湖紧靠香港的优势，我在初入评估行业时就能接触到很多香港相关领域的先进经验，受益匪浅，

2005 年，国众联集团在罗湖发展成具备一定规模的评估企业

也开拓了许多工作思路。

当时我还没有买车，但罗湖城区公共交通便捷，这很大程度上帮我解决了跑业务的问题。那时候，公交车座位就成了我的"办公位""学习位"，陪我度过了好几年时光。我现在取得了"七师"职业资格，即资产评估师、注册房地产估价师、土地估价师、保险公估师、高级会计师、香港测量师、英国皇家特许测量师，很大程度都是受益于当年在罗湖打下的坚实业务基础，以及养成的良好学习习惯。

6 年风雨兼程，1998 年的时候，各领域、各行业的企业如雨后春笋般在特区尤其是在罗湖萌芽生长并走上正轨。当时，罗湖的评估企业已经形成了相当规模，也成了当时特区评估行业的代表，集聚优势愈发凸显。这就给我们评估人士的发展提供了广阔的空间，加之经济特区开放的政策和举措，更令评估行业发展如鱼得水。乘着这股东风，我开始创业，将自己的所学所想所能，应用到评估实践中去。

1998 年 5 月，我迎来了评估生涯中一个重要的时刻——国众联资产评估土地房地产估价有限公司正式成立。至此，国众联这颗种子在罗湖这片热土上破土而出。

可以说，罗湖经济社会的发展带动辖区评估行业的发展，辖区评估行业的发展又印证了罗湖的发展。当时有个非常鲜明的比对——90 年代初期、中期常跑的客户和项目，在世纪之交前后就纷纷从小楼搬进了大楼，从大楼搬进了高楼。

凭借罗湖这块宝地的优势，国众联慢慢也从 1998 年初创时的十几人，发展到员工总数近两千人的大型专业团队；业务范围也从单一的估价业务，发展成为同时具备多种资质的专业咨

搬迁到清水河重点片区后，国众联集团总部的员工合影

询顾问集团。我们的办公地点也从最初的房地产大厦，到位于南湖街道的东乐大厦，再到如今位于清水河重点片区的中海慧智大厦，办公地点的变迁也体现着国众联始终立足罗湖的定位和顺应辖区发展趋势的变化。

回想创业发展之路实属不易，其中，来自历届区委、区政府的关怀令我备感暖心。从先前企业驻地所在的南湖街道，到现在清水河重点片区的新址，都离不开各级领导的关心与帮助。2021年10月，国众联集团总部整体搬迁到位于罗湖区清水河重点片区的中海慧智大厦，成为清水河重点片区企业。刚搬来不久，就有相关领导在调研时主动询问企业有什么困难。我说，我们有一栋员工宿舍楼位于龙岗，一批员工跨区上班不太便利，希望政府可以在人才保障房方面给予支持。很快，区政府按照规定流程审核后，给符合相关申请条件的国众联员工分配人才保障房共计20套，解决了集团总部一批青年骨干员工的住房问题，而且分的房子就在集团总部隔壁，非常周到、非常便利。

入驻清水河重点片区，深度参与罗湖"三力三区"建设

时下，罗湖区正紧扣"聚焦、聚集"两个关键词，加快整个服务业向专业化、高端化延伸。从罗湖起航历经 25 年发展，国众联如今也迎来了新的发展机遇。

集团总部落户在清水河，一方面是出于对罗湖的深厚感情，另一方面，也是看中重点片区优质的规划、良好的投资环境、强劲的发展势头。如今，地铁罗湖北站通车了，更令我们集团上下感到欣喜的是，罗湖在清水河重点片区全力引进总部型、平台型、流量型企业，全面建设清水河总部新城，培育壮大战略性新兴产业……这些举措也给国众联这样具备多种资质的专业咨询顾问集团，进一步扩充了发展空间，提供了广阔的机遇。

众所周知，今年罗湖全力打造"三力三区"，其中包含创建具有国际市场辐射力的现代服务业集聚示范区，这正好对应国众联集团的业务范畴。我可以自豪地说，国众联集团总部留在罗湖是个"双赢"的选项，也让我们有机会大展拳脚。

国众联 25 年积累下来的专业服务经验，可为罗湖在打造"三力三区"过程中，提供 23 个门类的专业资质服务，涉及证券期货相关业务评估、资产评估、房地产估价、土地评估、土地登记代理、土地规划、工程造价咨询、工程招标代理等。不仅如此，我们成立的国众联社会经济研究院，设置碳达峰碳中和、评估发展、绩效评价、自然资源、信息化、全过程工程咨询、城市更新等七大研究中心，全面开展相关课题研究与政策研究等活动，可以为罗湖未来资产研究、数字资产评估、碳资

产研究等提供有力支撑。

在我看来，罗湖区数字政府建设离不开数据资产，除去政务数据外还有诸多社会数据，那么如何让这些数据成为资产并入财务报表，从而产生社会价值？这些问题正是国众联社会经济研究院目前所关注并推动的内容。相信在不久的将来，我们研究院一定能拿出像样的成果，进一步回馈罗湖、回馈社会。

关注粤港澳大湾区发展，履职尽责助力专业服务业高质量发展

作为全国人大代表，关注粤港澳大湾区发展，也是我履职的主线。今年全国两会期间，我向全国人大提交了1份议案和8份建议，议案是关于制定民营经济高质量发展促进法。

罗湖本身亲商、重商、尊商氛围浓厚，今年又是全面贯彻落实党的二十大精神的开局之年。我之所以提此议案，是为了进一步优化民营经济发展环境，维护民营经济组织合法权益，激发市场主体活力，希望能够推动民营经济立法，保护和促进民营经济高质量发展。

此外，我本次提交的8份建议中涵盖深化粤港澳联营律师事务所改革、私募股权投资行业税收制度改革、加强应对气候变化推进碳达峰碳中和等，以此助推深圳、罗湖产业高质量发展。

罗湖与香港唇齿相依，在众多领域有着得天独厚的交流优

势。我提交的关于深化粤港澳联营律师事务所改革的建议，就是希望能够深度促进粤港澳三地通过联营律师事务所的改革互联互通，进而吸引更多港澳专业人才来到罗湖发展。我认为，粤港澳合伙联营律师事务所改革是拓展港澳发展空间、推动公共服务合作共享、引领带动粤港澳全面合作的重要内容。

在罗湖这片热土上工作奋斗，让我感觉得心应手，这里的一切我都感到如此熟悉、亲切。我们国众联集团将始终立足罗湖、放眼湾区、胸怀全国，为罗湖"三力三区"建设贡献力量，力争在评估领域持续产出新思路、新想法、新作为。

邱浩波

口述时间
2023 年 3 月 9 日

口述地点
香港湾仔轩尼诗道香港国际社会服务社

邱浩波：全国首个跨境学
童服务中心在罗湖成立

口 述 者

邱浩波

Qiu Haobo

中国香港人，20世纪70年代起从事社会工作服务，现任香港国际社会服务社行政总裁，香港社会服务发展研究中心主席，粤港澳大湾区香港社会服务专业联盟有限公司（社专联）主席，太平绅士，香港金紫荆星章获得者。在他全程推动下，全国首个专业化、规模化的跨境学童服务中心在深圳罗湖落地运行。

罗湖是港人来到深圳的第一站，罗湖跨境学童服务中心也在这里生根发芽。我投身社会工作服务超过四十载，对于社会各界对我们所做工作的认可，我心存感激。这些年来，我只做一件事，就是让儿童、家庭以及跨地域移民有尊严地、和谐地生活。中心成立十几年来，我看着无数个深港跨境家庭生活越来越好，也见证了粤港澳大湾区的起步、发展、繁荣。

邱浩波：
全国首个跨境学童服务中心
在罗湖成立

着眼跨境家庭的多重社会问题，推动全国首家跨境学童服务中心在罗湖成立

我在内地出生，早年随家人移居香港，居住在一个贫民区内。当时我的生活环境较差，也面临着生活习惯、收入生计、身份认同等多方面的挑战，这让我在成长过程中亲身体会了新移民面临的多重社会问题。

早在 20 世纪 80 年代，邱浩波
便在为社会服务工作四处奔波

一个偶然的机会，我接触到了社会服务。中学时期，我和同学一起做义工时发现，社会服务能够解决香港跨境新移民所面临的诸多社会问题，从此我便对社会工作产生了浓厚的兴趣。大学也自然而然地选择了社会工作专业，并一步一个脚印地走到现在。

　　因为淋过雨，所以想为别人撑起一把伞。1985年，我来到香港国际社会服务社工作，出任行政总裁，我的工作涉及家庭服务、青少年服务、学校社会工作、社区发展、新移民服务等多个方面。在此过程中，我接触到了有关跨境学童的课业衔接支援、家庭关系协调、社会环境融入等服务工作。

　　一直以来，深港两地联系十分紧密，而罗湖作为港人到达深圳后的第一站，更是香港国际社会服务社开展工作的首选地。2006年，我们开设了罗湖区港人家庭社工服务站，主要预防家庭暴力并为跨境家庭提供婚姻辅导服务。2009年，跨境学童群体越来越庞大，他们在深圳居住，在香港接受教育，每天奔波往返于两地之间。

　　据香港教育局统计，当时两地间跨境学童数量超过8000人，并且这一数据还在以每年30%的比例持续攀升。随着跨境学童数量的急剧增长，所面临的问题也接踵而至，但由于他们居住地点不在香港，这些问题往往难以被香港社会及时发现、处理、跟进并解决，这些跨境家庭常常求助无门。

　　我们关注到了这一问题。2009年，带着处理跨境家庭问题的工作经验，香港国际社会服务社联合罗湖区妇女联合会，共同成立了罗湖区跨境学童服务中心，成为全国首家服务跨境学童和跨境家庭的机构。机构于2011年底开始试运行，2012年3月正式对外揭牌，为跨境家庭提供亲子教育、儿童培训、婚姻辅导等多方面服务。

作为第一家服务跨境学童和跨境家庭的机构，我们可以说是开辟先河，为跨境学童和他们的家庭引进和香港一样的社会服务，让他们能够适应两地的生活，使跨境学童学习顺利、跨境家庭和谐、社会稳定。

政府与社会的支持帮助跨境学童服务中心度过初创与疫情期间的艰难时刻

事实上，跨境学童服务最初只是一个试验性计划，服务只在小范围内提供。但随着工作的开展，我们发现跨境学童数量越来越多，背后潜藏着巨大的需求。我们想要扩大规模，为更多跨境学童提供帮助，这才开启了跨境学童服务中心的筹建工作。

中心建立的过程并非一帆风顺，首先摆在面前的就是资金与场地问题。当时我联系香港赛马会慈善信托基金寻求帮助，然而赛马会政策规定，旗下基金必须要在香港境内使用。为此，我和赛马会相关负责人反复交流，使得他们深入了解了跨境学童服务对于深港两地的意义，赛马会决定破例为我们提供支持。

这一支持，就是十几年。截至目前，香港国际社会服务社共获得香港赛马会为期 12 年 4 个计划的资助，服务超过 14 万人次，其中，跨境学童服务中心举办活动超过万场。

同时，罗湖区也为我们提供了诸多帮助。区妇联提供了场地，用作跨境学童服务中心的活动及办公地点；区政府亦斥资对中心所在大楼进行功能改造。在合作中，区妇联还在政策推动、人力资源、场地建设、水电保安等多方面，为中心筹建保驾护航，才有了今天的跨境学童服务中心。

三年的新冠疫情是对我们中心的另一次巨大考验。如何让跨境学童在深继续香港学业？如何让深圳跨境学童与香港学童学习进度保持一致？如何缓解疫情期间学童们的心理压力？让我们感到温暖的是，罗湖区再一次伸出援手，不断向我们中心前线的工作人员询问跨境家庭遇到的困难情况，并通过区政府的渠道为跨境学童向社会各界发声，帮助跨境学童顺利完成学业。

罗湖区教育局方面联合罗湖多所学校开展了跨境学童进校园活动，让这群孩子进入久违的校园；在区妇联的帮助下，我们获得了更多场地，让跨境学童在深圳也可以顺利完成香港学校的各项学习任务；区发改局还专门为了港人在罗湖的便利生活制作了《罗湖港人一本通》，这也是我们同事日常会用到的查询手册……

疫情期间，跨境学童服务中心为跨境学童提供异地考试服务

2022 年 11 月，香港和深圳同步举行"深港家庭综合服务中心"启动仪式

在罗湖区各方的支持下，我们中心在疫情期间的工作得以顺利开展。我们与香港教育局及多所中小学沟通协调，在中心设立了跨境考场，为香港多所学校在深的跨境学童期末、呈分试等考试提供异地同考支持。中心也由此成为全市最早为跨境学童提供考试支援服务的公益机构。因为香港的呈分试是由各校出题，每所学校的考题、考试要求都不同，我们会根据学校的要求提前准备，从签到、测温、监考到维护秩序，严格按照香港学校考试流程，协助跨境学童完成学业评估。疫情期间，我们共开展了超过 600（节）场异地考试，服务超过 4000 人次。

更让我感到荣幸的是，我们中心的这些实践成果也作为一线资料，成了政府制定政策的重要参考来源，为深港融合发展贡献出了自己的一份力量。

2022 年 11 月 15 日，罗湖区跨境学童服务中心还在深圳市和罗湖区妇联的推动下，进一步升级成为深港家庭综合服务中心。可以说，深港合作持续加强，也让中心成了促进深港家庭发展交流的重要平台。

继续做深港"摆渡人"，服务对象与政府的认可坚定了我服务跨境学童的信念

很多媒体说，我们是深港"摆渡人"；有跨境家庭告诉我，中心是他们的第二个家；也有跨境学童说，我们是联结两地的爱心桥……我想，这些话既是对我们中心工作的认可，也是鼓励我继续为跨境学童事业奋斗的动力。

这一路，我也看到很多跨境学童，从幼儿园小朋友到中学生的成长变化。不少家庭在接受了我们的帮助后，开始积极主动适应环境、克服困难，无偿、无私地付出时间精力，努力为跨境学童、跨境家庭群体发声奔走，用自己的方式为我们中心贡献力量。甚至有很多我们曾经帮助过的家庭，最终又回到了中心，成了我们的义工同事，中心的队伍也在这样的良性循环中不断发展壮大。目前，中心活跃的家庭数已经超过 2000 个，连同福田、南山等在内的全市各区，已服务超过 5000 个跨境家庭。

除了服务对象给予我们的信任外，我认为两地政府的认可也是我们工作中难能可贵的成果。疫情期间，我们获得了香港"卓越实践在社福"奖励计划的卓越社会服务奖和年度主题奖，在内地也是连续拿到了 2020、2021、2022 年的中国公益节公益集体奖。

这么多年来，我欣慰地看到，跨境学童因为我们的服务，生活变得更好更幸福，对未来生活也有了更多希望，这使我发自内心地觉得所有的付出都是值得的。未来我也会继续努力，对接资源、完善服务，给跨境学童、跨境家庭更好的未来。

从1992年进入内地开展社会服务算起，我跟随香港国际社会服务社见证了内地的发展变迁，其间，也和罗湖区妇联开展了十余年的良好合作，看着粤港澳大湾区从起步逐渐走向繁荣。在这个过程中，我身边的很多同事，也从对内地文化的不了解，到慢慢融入深圳、融入罗湖，渐渐变成了半个深圳人。

在中心工作的香港社工和跨境学童一样，每天往返于深港双城之间，他们居住在香港，工作在深圳，与跨境学童、跨境家庭风雨同舟，奔波于两地之间，帮助解决各种问题，早已和服务对象变成了一家人。如今，深港两地口岸全面恢复通关，深港乃至大湾区的儿童青少年交流也将更加频繁。我将与中心一起，继续承载好促进双向交流、服务跨境家庭的使命，为大湾区建设出力献策。

同时，我们也希望获得社会各界更多的关心支持，人才、资金、机会依然是中心最需要的三样东西，希望有更多的深圳人、香港人、爱心企业能够了解并加入我们，让中心有更多交流机会，不断开阔视野，长久为粤港澳大湾区的跨境学童和家庭提供优质的服务。

吴雅琴

口述时间
2023 年 4 月 21 日

口述地点
深圳市工艺礼品行业协会会议室

吴雅琴:"礼"享罗湖见
证深圳原创走向世界

口述者

吴雅琴

Wu Yaqin

1968年出生，陕西旬邑人，工艺美术师，2006年至今担任深圳市工艺礼品行业协会秘书长、常务副会长。现任政协深圳市罗湖区第六届常委、中国工艺美术协会理事、中国礼仪休闲用品工业协会理事，曾获评"十一五""十二五"中国轻工业特色区域及产业集群管理与服务先进个人。

"

　　1996 年，我来到深圳。十年后的 2006 年，我开始担任深圳市工艺礼品行业协会的秘书长，并与工艺礼品行业结下不解之缘，今年已经是第 17 个年头。

"

吴雅琴：
"礼"享罗湖见证深圳原创走向世界

所谓工艺礼品行业，既涵盖了继承传统工艺美术的工艺品行业，也包含了伴随商务发展日益繁荣的礼赠品行业。深圳市工艺礼品行业协会，是全国第一家工艺礼品行业协会，后来各地才陆续成立同类协会。

2009 年，深圳成为当时全国唯一的"中国工艺礼品产业基地"，由深业物流集团投资的笋岗工艺城亮相笋岗工艺品市场集

2009 年，深圳成为全国唯一的"中国工艺礼品产业基地"

中国工艺礼品产业基地——深圳屡获殊荣

群，被授予"中国工艺礼品产业基地·展示交易中心"称号。

从二十世纪八九十年代起步到今天，深圳、罗湖工艺礼品行业闻名全国，靠的就是坚持不懈的传承与创新。工艺品、礼赠品与人们生活息息相关，罗湖人不断创新和独具匠心，创造出最美、最新、最奇、最特的工艺品、礼赠品，为注重礼尚往来、善良友好的中国人创建美好生活注入了许多新元素，也为中国工艺礼品行业发展开创了许多新思路、新模式。

笋岗工艺城成为首个"中国工艺礼品产业基地·展示交易中心"

二十世纪八九十年代，深圳经济发展和商务活动空前繁盛，生活和商务往来常常要用赠品来表达和寄托美好的寓意和祝福。正是在这样的背景下，礼赠品与传统的工艺品相结合，并在深圳碰撞出了不一样的火花。

罗湖笋岗片区靠近广九铁路，大量国内外物资在这里集中和贸易，慢慢这里就集聚起一座座仓库。笋岗最早的工艺礼品市场是陶瓷进出口批发中心，就是今天罗湖区艺展中心的前身，深圳市工艺礼品行业协会早期也是在这个市场里成立和办公。后来周边慢慢集聚起家居饰品、工艺礼品、文玩珠宝、创意办公等传统工艺美术品和现代家居工艺装饰品市场，发展出工艺礼品创意设计、生产制造、展示交易到销售结算的完整产业链，形成超 50 万平方米的专业市场集群，年交易量超 300 亿元，蜕变为全国知名度最高、规模最大的笋岗工艺美术集聚区。

我记得 2000 年前后，笋岗工艺美术市场就已经非常繁荣，经销商常常是提着现金排队提货。根据行业发展情况，深圳市工艺礼品行业协会在 2007 年开始筹备工艺礼品行业基地，邀请国家级行业协会到笋岗指导工作，邀请同行到笋岗交流。当时主管工艺礼品行业的部门是深圳市贸易工业局，在其支持下，我们向中国轻工业联合会提交申请，按照央地共建共管的要求，完成了基地的前期准备工作。

2008 年，中国轻工业联合会派出专家组到深圳来实地考察评审，我们首先就带他们到笋岗。这里的单个工艺品市场面积虽然不大，但是几个市场聚集起来，品类非常齐全，而且原创产品多、附加值高，很多都有自主知识产权，集中了当时中国最时尚、水准最高的工艺品、礼赠品，引领了整个行业的发展风向。各类雕塑、庭院装饰、家居、照明灯饰、工艺画和摆件等应有尽有，咖啡厅、茶馆或住房装修，无论需要现代的马灯，还是传统风格的吊饰、装饰画，全都能在这里找到。所以，在很长时间里，不论是经销商进货，还是设计师选新品，第一站就到笋岗。

其实，当时全国很多地方都在发展工艺品、礼赠品等轻工业特色区，比如"中国玩具之都"广东省汕头市澄海区、"木制玩具之都"浙江省云和县等与中国轻工业联合会共建的特色产业集聚区，但它们的品类相对单一、主打特色，澄海区主要做塑胶玩具，云和县主要做木质玩具，而深圳的工艺礼品品类丰富，且新产品最多、最具有创造性。据统计，深圳每年开发的工艺礼品新品，占全国的60%以上，雄踞全国同行业前列。

凭借体量大、产业链完整、富有原创性的优势，2009年，深圳市正式得到中国轻工业联合会批复，被授予"中国工艺礼品产业基地"称号，这是当时全国唯一的"中国工艺礼品产业基地"。其中，笋岗工艺城打破传统专业市场单一的批发零售功能，打造出一个融合多品类、链条相对完整的工艺礼品专业市场"大商场"，成为首个"中国工艺礼品产业基地·展示交易中心"。

外地同行投资兴业，第一站是来笋岗参观学习

笋岗工艺美术集聚区的创新能力特别强，新产品层出不穷，吸引了全国各地同行到这里参观考察。

2009 年，有位佛山的投资人想在当地投资一个工艺礼品城，首先就直奔笋岗去参观。参观完以后他来找我，很激动地问："秘书长，我也想建一个这样规模的工艺城，做起来大约要多久？"不只是佛山，还有东莞、惠州，当时大家要开家居城、装饰城的时候，也都是首先来笋岗看。

义乌现在是"买全球、卖全球"的世界超市，2007 年中国义乌国际商贸城运营方不再满足于简单填满商铺，而是开辟品牌馆专区，邀请世界各地知名品牌入驻。当时商贸城人气很旺、一铺难求，运营方专门拿了 20 间铺面出来，到深圳、到罗湖笋岗来招商引资。深圳市工艺礼品行业协会组织了十几家企业过去开店，合在一起叫深圳原创馆，也是当时商贸城里唯一一家叫原创馆的。当时大家对原创的东西很敬佩、很羡慕，因为只有深圳最有能力做好原创，总是先人一步做出别人没有的东西，所以就叫深圳原创馆。

还有很多内地城市的客商开家居城、装饰城，也都会到罗湖来邀请企业入驻，会开出很优惠的条件吸引笋岗的企业去"开分号"。当时如果一个内地城市的工艺礼品城开业的时候，能有几家笋岗的知名企业在那里撑场，那这个交易市场的生意基本就不用太担心了。所以那时笋岗的企业去外地拓展市场，都能拿到非常低的租金，有的甚至是免租几年。

2009 年全市 10 大工艺品专业市场中就有 7 家在罗湖笋岗，行业集聚优势进一步增强了行业竞争力。2010 年，在罗湖区委五届九次全会上，罗湖区委正式提出把打造"四城一镇"，即金融城、"万象城"、珠宝城、工艺城和艺术小镇，作为未来的发展目标，进一步推动了笋岗工艺美术集聚区的发展。

深圳工艺美术大师一半出自罗湖

罗湖笋岗，可以说是深圳工艺美术的一个发源地。行业里很多人最早来深圳创业，第一站就是选择罗湖、选择笋岗。

2013年，深圳市工艺礼品行业协会和深圳市工艺美术行业协会联合举办了首届深圳市工艺美术大师评选活动。迄今为止，一共评选出122位深圳工艺美术大师，其中超过一半和罗湖、

笋岗工艺品企业不断推出各类工艺新品，塑造艺术家居美学新风尚

笋岗有关。他们要么是早期在罗湖开过工厂或店铺，要么是产品在笋岗工艺城片区展示销售，要么就是给某一款笋岗售出的爆款产品做过设计，总之或多或少都和罗湖有关。

这些工艺美术大师的名字大多不为普通市民所知，但许多从罗湖笋岗出去的工艺品为大家熟知，特别是陶瓷、珐琅、艺术雕塑、仿真植物等产品一度引领了人们的消费风尚，用一句当下时髦的话来说，就是"网红产品"。尤其是在节假日或生活中的纪念日、新房子装修装饰时，很多市民都会去笋岗逛市场，精心挑选各类装饰摆件或礼品，把日子装点得更美好，把生活过得更加有滋有味。

有一款叫"天下第一福"的艺术摆件，我印象很深。2001年前后，"天下第一福"摆件开始在笋岗销售，取材康熙御笔亲题、有着"天下第一福"之称的福字碑，采用合金、琉璃、木材等材料制成，有大中小不同型号，主打送"福"。这个摆件是限量销售，如今早已不在市场上售卖了，但还是陆续有人来问我在哪里可以买到这款产品。

几年前，有位朋友托我帮忙找货源，因为之前在笋岗看过"天下第一福"摆件，就心心念念想买一件放在新房里。几经打听，我了解到原先销售这个产品的企业还在笋岗，就试着联系，没想到最后还真在仓库找到了一件，那位朋友也是喜出望外。

用现代工艺品"语言"表达优秀传统文化，
让深圳原创走向世界

一个个具体的工艺礼品是展现中华优秀传统文化的天然载

体，尤其是礼赠品本就源自中国人礼尚往来的礼文化。我们现在常常讲文化自信，一个好的手艺人在设计或雕琢一件工艺美术品、礼赠品的时候，往往就是怀抱对中华优秀传统文化的满满自信，再去做创新设计、追求时尚，以求表达最美好的心愿与祝福。

比如早年在笋岗很畅销的翡翠白菜摆件，产品开发思路就来自故宫藏品"玉白菜"（寓意财源广进、欣欣向荣的玉雕珍品），以塑胶这种新材料去呈现原先只能在博物馆里见到的珍贵藏品，让普通老百姓也能买得起、用得起，因而广受欢迎。近年很火的故宫文创，也是把故宫元素提取出来设计成新的产品、礼品。比如"六色故宫口红"每款都与一件故宫院藏文物同色，甚至每款的外观灵感都源自一件宫妃衣裳或装饰。所以说，工艺礼品行业特别需要传承和创新，就是要用现代的工艺品"语言"把优秀传统文化里的美好表达出来，在"传承＋设计＋原创"中产生商业价值。

回顾来路，笋岗工艺美术集聚区有今时今日的地位，靠的就是传承与创新。事实上，罗湖工艺礼品行业转型升级的脚步从未停止，从最初的精品制造，到关注创意设计到加入文化元素、加入现代生产工艺，再到今天注重增加品牌附加值，在深圳这座创新之城，工艺礼品行业始终在创新中不断前行，行业发展的外延越来越大、内涵越来越丰富。在一次次转型升级中，笋岗片区也从一栋栋仓库逐渐变身为当时全国最大的工艺礼品展示基地、交易基地、出口基地、物流基地，一路前行书写中国工艺礼品行业精彩篇章。

今年4月26日，第31届中国（深圳）国际礼品·工艺品·钟表及家庭用品展览会（以下简称"深圳礼品展"）在深圳开展。据统计，五千家展商中有近千家来自深圳，为期4天的展会入场人数高达31.9万人次，又创新高。深圳礼品展的主办方就是深圳本土企业，从1993年举办首届以来，其展览面积不断刷新历史纪录，现在已经发展成全世界同类展会中最具规模和影响力的盛会，这也是非常值得骄傲的事。

千商云集、万物荟萃，从二十世纪八九十年代单一的陶瓷、玻璃等工艺品产品，发展至今包罗文创产品、家居装饰、时尚生活电器、移动电子等众多品类，深圳、罗湖工艺礼品行业见证了深圳原创走向世界的飞跃进程，也让国创国潮品牌装点了全球越来越多消费者的美好生活。

翟美卿

口述时间
2023 年 5 月 5 日

口述地点
香江金融中心

翟美卿：在罗湖首创
家居零售超大型仓储
式经营模式

口 述 者

翟美卿

Zhai Meiqing

1964年出生，广州人，香江集团创始人。1992年
在罗湖成立第一家"香江家居"，首创超大型仓储
式经营模式，改变了国内家居零售行业的经营模
式。现任全国政协委员、中国产业发展促进会副
会长、广州市工商联副主席、广东省女企业家协
会会长、广州市纳税人协会会长、深圳市侨商国际
联合会会长、香港各界文化促进会荣誉会长，曾荣
获"中国十大女杰""全国三八红旗手""中国十大
慈善家""中国商界十大风云人物"等荣誉，并获
"中国消除贫困奖"等奖项。

"

　　我是翟美卿，香江集团创始人。作为中国改革开放的第一批创业者，我很幸运来到深圳罗湖这块福地，这里是敢闯敢试者的天堂，为我们安心创业提供了优良土壤。20世纪90年代，当时的家具价格较高且不透明，卖场展示空间有限，我们香江通过首创超大型仓储式经营模式，大大降低了经营成本，让老百姓能以十分优惠的"一口价"买到时尚的现代家具，从而改变了国内家居零售行业的经营模式。

　　从在罗湖开办第一家香江家居"一炮而红"，到将罗湖笋岗仓库发展成"家居一条街"，到"香江"和"金海马"的旋风席卷全国，成为全国最大的家居连锁企业，再到香江集团走向多元化发展，成长为业务范围覆盖八大领域、全国员工2万多人的综合性企业……回想起来，是深圳优良的营商环境让我们企业得以安心发展壮大，是罗湖这片创业的沃土让我们敢于大胆尝试，有这些才有了香江集团后来的故事，才有了进一步发展的家居零售行业，老百姓也得以享受更加物美价廉的家居产品服务。

"

翟美卿：
在罗湖首创家居零售超大型仓储式
经营模式

不开工厂开商场，首创超大型仓储式经营模式

广东是得改革开放风气之先的地方。1979 年，在这股春风的吹拂下，还在读高中的我就有了"将来要当老板"的梦想。

1985 年，21 岁的我开始尝试创业。和家居行业结缘也很早。当时一个家庭要结婚，都会置办家具，很多北方顾客也会特意来到广东"大采购"。于是，我就萌生了从家居行业创业的想法，后来一些现代的香港家具运到内地，其中流行一种"板式家具"，漂亮的造型加深了我对家具的喜爱。于是我就经常跟着做生意的朋友去家具展销会，寻找机会。

很快我就发现，南北方的家具价格差异大，主要原因在于很多家具工厂都在广东，北方因为运输成本的问题，家具要贵得多。于是，我就从广东批量运输家具去北京销售，后来还干脆在北京开起床垫厂，尽可能降低运输成本，生意不错，但很辛苦。我观察到，家具产品最终总要进入商场销售，开商场比开工厂利润更高也更简单。但当时，私营企业一般办不了营业执照，只能进入国有商场销售。我和丈夫暗下决心，将来有机会一定要自己开商场。

在外地创业那几年，我们经历了一些起起伏伏，更坚定了回家创业的决心。1990年，我随丈夫回到深圳，当时深圳的营商环境已经不错了，政府"无事不扰"，我们只管创业，基本没有什么后顾之忧。

开商场的机会很快来了。当时民营经济的发展已经起步，但要开规模比较大的家居商场，只能去承包国有企业的经营执照。我们在宝安承包的第一家家居商场，取名"宝安海马"。因为市面上的商场家具普遍都定价较高，砍价空间很大，我们就提出走大众化路线，坚持家具"一口价"模式，以较低的价格吸引很多人前来购买。很快我们又开了一家，但因为承包的牌照不能重名，我们就取名"金海马"商场。

那时的家具商场，很多是借鉴香港的销售模式，一般选址商业中心，租金比较贵，面积只有几百平方米，展示的家具小、品种少、价格贵。我想，如果能有一个有合适的毛利，又能采取"一口价"，同时租金比较低、周边地方又够大，能把大量家具展示出来的商场，一定会大受欢迎。要打造这样的商场，就需要最大限度地降低经营成本。比起成熟的商场，改造"仓库"是好的选择。

1992年，我们在罗湖相中了"海运仓"，就是现在的万象城位置。当时是一个大仓库，我们把它承包下来，改造成一个90000平方米的家居商场，起名叫香江家居，从此正式开始了我们颠覆性的家居零售经营模式改革。

在罗湖笋岗做起"家居一条街"，
那时几乎每个深圳家庭都到这里买过家具

　　我们在香江家居创新采用了超大型仓储式经营模式，商品采取仓储式管理，节约运输成本，缩短送货周期，以规模化批量采购，实现成本优势。我们的售价比其他商家的标价低出 70% 以上，同时还能够展示更多家具，一下子就吸引了很多顾客。

　　在当时，这样的做法是不可思议的，很多业界同行写信过来，说我们不能破坏"行规"，但我认为规矩就是用来打破的。商场的门庭若市证明了一切，一到周末和节假日，我们商场总是人山人海，市民排着队来买家具，商场卖空是常有的事，有时候甚至连商场后面的仓库都被搬空。

翟美卿在深圳开的家居商场人山人海

红火的生意，验证了这一模式的正确性，也鼓舞着我们继续去扩大经营。当时笋岗有大片的仓库，笋岗业主都很乐于将仓库租给我们，因为租给开商场的，比做仓库的租金要高，还能带旺片区人气，以后还能推动片区转型。就这样，我们陆续在笋岗租下了一整条街的仓库，开了4个家居商场，每个都是几万平方米，尽管名字不同，却是"一家"的。可以说，我们把那里变成了"家居一条街"，整个罗湖的仓库，也近乎一半在做家居商场了。不夸张地说，那个年代几乎每个深圳家庭都买过我们的家具。

除了创新提出家具零售"一口价"和首创超大型仓储式经营模式，我们还是第一个以连锁形式开家居商场的。在邓小平南方谈话和党的十四大精神的推动下，中国的改革开放扬起新风帆，私营企业迅速发展，后来也可以申请营业执照了。于是我们收购了原来承包的商场，改成"香江家居"或者"金海马家居"，提出的理念就是让物美价廉的家具走进千家万户。

连锁家居商场怎么开？我们摸索出一套独特的管理方法和经营理念。一是用标准化模式，以低成本投入迅速拓展，实现集团化的连锁经营。二是商场人员架构采取扁平高效的管理模式。商场经理直管营业部、储运部和行政部，财务部和业务部由总部统一直接管理。三是保证充足的资金流，在资金上对顾客先收全款再出货，对供应商货品销售后再结货款。四是商品管理采取仓储式管理，用一站式服务方式满足顾客需求。五是通过有效媒体营销，打造爆款产品，获取巨大客流。

1993年，我们相继在广州、珠海、江门、中山等城市开设数十家大型家居商场，在华南地区迅速铺开市场网络。后来，这股旋风快速席卷到全国各地，人们一走进电梯，映入眼帘的就是我们商场的广告。在 1990 年到 1995 年的短短五年间，作为香江集团家居业务的重要板块，金海马集团迅速发展成为全国最大的家居连锁企业，旗下的"香江家居"和"金海马家居"卖场遍布全国，成为中国家居零售业的主流品牌。

"香江家居"（上图）和"金海马家居"（下图）成为中国家居零售业的主流品牌

率先在行业引入 ERP 系统，从家居连锁经营走向全面发展

深圳罗湖是改革开放先锋地，我们的创新探索也没有止境。2000 年，当互联网在国内掀起第一波热潮，香江集团就率先导入 SAP 信息管理系统，在深圳成功实现 ERP 系统上线，成为家具零售行业"吃螃蟹"的第一人。

ERP 是由美国计算机技术咨询和评估集团 Gartner Group Inc 提出的一种供应链的管理思想，是指建立在信息技术基础上，以系统化的管理思想，为企业决策层及员工提供决策运行手段的管理平台。原来的连锁店要实现供应链管理、库存管理、财务管理等，只能依靠人工，而 ERP 系统能通过信息化手段，实现质量管理、生产资源调度管理及辅助决策的功能，成为企业进行生产管理及决策的平台工具。也就是说，我们不用到每个卖场，就可以快速知道什么产品积压、哪个产品好卖、什么时间应该补货。将 ERP 应用拓展到家居零售行业，当时不仅是在中国，放在全世界也都是较为领先的。

从 20 世纪 90 年代开始，香江集团就已迈开了多元发展的步伐。1996 年，我们首次涉足金融投资，成为广发银行第五大股东；2000 年，我们在广州开启第一个房地产项目，接着又开始持续投资金融企业。如今香江集团的产业足迹，覆盖金融投资、科技创新、城市建设、商贸物流、健康产业、家居连锁、教育产业、资源能源等八大领域，版图遍及粤港澳、长三角、京津冀鲁地区及内地中心城市，还控股一家 A 股上市公司——香江控股。

回想这些年的创业故事，如果没有当时在罗湖的"第一桶

金"，也难以有香江集团的今天。所以说深圳罗湖是我们的福地，让我们的企业一路顺风顺水发展壮大。

我们是从深圳成长起来、走向全国各地的，如今三十多年过去，我们正计划把总部逐步搬回深圳，以深圳为核心，以大湾区为发展重点，继续将集团做大做强。在深圳这个改革开放的窗口，我们会继续发挥敢闯敢试、敢为人先的精神，书写香江集团高质量发展的崭新篇章。

陈永福

口述时间
2023 年 5 月 16 日

口述地点
罗湖口岸联检大楼深港联席会议室

陈永福：罗湖口岸
是见证改革开放浪
潮的"窗口"

口 述 者

陈永福

Chen Yongfu

1968 年出生，广东潮州人，1991 年 11 月就职深圳
市口岸管理公司罗湖口岸管理处，曾任罗湖口岸管
理处主任，2021 年 4 月任特发口岸公司副总经理，
分管罗湖口岸管理处工作。

罗湖口岸，是见证改革开放浪潮的"窗口"。从 23 岁入职罗湖口岸管理处算起，我在这里工作了差不多 32 年，从最初的通信设备维护员成长为口岸管理处主任，能够常年在口岸一线服务旅客，我十分荣幸。在这个过程中，我经历了口岸场地设施的改造升级，目睹了硬件与服务上的优化提升，见证了中国改革开放以来深港携手发展带来的变化，更真切感受着海峡两岸暨香港的同胞情谊。

陈永福：
罗湖口岸是见证改革开放
浪潮的"窗口"

深港"第一口岸"是全球最繁忙的陆路口岸之一

1991 年，我参加了用工考试，被深圳市口岸管理公司录用。因为有无线电的技术基础，懂电脑、会打字，我被安排到了罗湖口岸管理处，负责通信设备的维修与维护工作。

那时候，每逢台风天气，单位从罗湖村架空拉过来的那条电话电缆经常被风刮断，我就和同事爬到几米高的电线杆上去维修、铺设新的通信电缆。我在通信岗位上干了 3 年，随着深港两地经济和人员交往的不断加深，罗湖口岸日渐繁忙，领导把我调到口岸机电设备保障的运维科。

作为联结深港两地的"第一口岸"，罗湖口岸不仅是我国最早设立开放的口岸之一，也是外商、外资、海外华侨进出内地的主要口岸之一，肩负对外交往、对外联系的重要使命。

我记得刚来到罗湖口岸时，罗湖联检大楼只有一楼和三楼作为港澳旅客出入境旅检层，二楼是专门提供给外国人还有台湾同胞和大陆旅客的出入境查验层。要知道，早年很多人是要经由香港出国的。我经常能看到一家多口人坐着长途大巴，从外地到罗湖口岸通关赴港。那时候没有动车和高铁，高速公路也不发达，长途大巴通常是半夜才到。为了等第二天排队过关，也为了省钱，很多人大包小包地在口岸广场上过夜，多的时候广场上过夜等候的人甚至能达到上百人。

老口岸人常常会提到一个词——"打蛇饼"。所谓"打蛇饼"，就是指当时由于通关人数过多，时常发生拥堵，大家不得不以蛇形盘绕式的排队方式维持口岸通关秩序。1998年，香港回归后的首个清明节，由于回乡祭拜旅客激增，我们不得不从其他地方紧急调动保安队前来增援，全体工作人员手拉手组成一道道人墙，以此维持排队秩序。

随着深圳快速发展，罗湖口岸发挥的作用愈发重要。我记得1991年刚来的时候，开闸时间是8：00到21：30。如今，口岸的开闸时间是早晨6：30至夜间24：00，运行17.5小时。与此同时，罗湖口岸的通关客流量越来越大。20世纪90年代后期，每天的客流量从10多万人次跃升至20多万人次，节假日

每到节假日，罗湖口岸人头攒动

期间更是达到 30 多万人次。到了 2019 年，每逢公众假期，罗湖口岸经常出现单日近 40 万人次的客流高峰，客流量居全国前三。

一个口岸见证无数感人至深的故事

长久以来，罗湖口岸在国内外知名度都很高，各级领导经常到我们这里来视察和调研，还不乏很多外国政要、嘉宾。2005 年，深圳经济特区建立 25 周年之际，罗湖口岸联检大楼与深圳国贸、上海宾馆等被评为"深圳改革开放十大历史性建筑"。

罗湖口岸不仅是全世界最繁忙的陆路口岸之一，也是昔日中国唯一通往海外的"南大门"，不少内地居民第一次出境、境外人士第一次入境内地都是通过罗湖口岸，这里更见证过无数个感人至深的故事。

1987 年 10 月，台湾当局宣布开放台湾居民到大陆探亲。经国务院批准，国务院办公厅也公布了《关于台湾同胞来祖国大陆探亲旅游接待办法的通知》。

那个时期，很多台湾老兵选择从台湾绕道香港，经由罗湖口岸返回大陆探亲。刚到罗湖口岸工作的那几年，我经常在口岸出口处见到这样的场景：步履匆忙、拖着巨大行李箱的老兵抵达罗湖口岸过关后，飞奔向大门口举着姓名牌子焦急等待的亲人，他们热烈拥抱，泪流满面。随后，老兵对着前来接应的长辈们，扑通一声跪倒在地，连磕三个响头，放声痛哭长跪不起。

即使过了这么多年，当年的场景我依然记忆犹新。那一跪的背后，不仅饱含着与家人分离几十年后再次团圆的激动，更代表着历经千难万阻始终割舍不断的两岸同胞情。

在口岸，我还经历了香港回归。1997 年 6 月 30 日，香港回归前一天的晚上，深圳下起了倾盆大雨，我和单位全体团员青年一起，冒雨到文锦渡和皇岗口岸欢送驻港部队进入香港。回归当天早上，罗湖口岸准时开闸，我又和同事们一起，在口岸现场见证香港回归后罗湖口岸第一批旅客通关的场景。

我记得，那天的罗湖口岸满眼都是红彤彤的五星红旗，大厅里到处洋溢着喜庆的气氛。当时大家都兴奋极了，我帮很多旅客、工作人员拍下了见证历史的珍贵照片。

口岸发展映射改革开放成功，见证深港交往交融日益加深

口岸的发展变化，映射的是改革开放的成功以及国家实力的不断增强。香港回归以后，深港两地交流越来越紧密。罗湖口岸也对标香港，经常到港方管制站学习交流通关保障的管理经验，并提出了"服务有温度，通关有速度"的口号。

在服务方面，我们学习了香港的相关做法，努力为旅客提供尽可能多的人性化帮助，如口岸义工咨询服务、特殊通道服务等，带给大家更好的通关体验。

20 世纪 90 年代初期，通信联络方式少之又少，我们日常的工作联络与指挥调度也捉襟见肘。我记得，我们单位四十门内线电话，只申请到两条对外中继线，外加一台小型电话交换机、一台传真机、几部对讲机，这就构成了罗湖口岸管理处的通信

和指挥系统。

当年，从罗湖火车站到罗湖口岸1号门之间的那条长廊中，很多小商贩会搬一把椅子守在廊道两侧，椅子上摆放着一部电话机，"生意"非常火爆。这是因为当时通信不方便，过关回来的人，为了能及时联系上内地亲人，必须找公共电话联系。口岸也曾流传着"一部电话机，一天上千块"的生意经。后来通过政府协调，我们联系到了深大电话公司，申请了20部公用电话，极大地解决了口岸过境旅客和单位通信联络难的问题。

如今，随着几大运营商进驻，在口岸局能方便地买到电话卡，口岸内还提供免费Wi-Fi。口岸指挥系统也实现了数字化，信息网络时代使口岸通信联络和指挥变得更加高效快捷。

陈永福为旅客提供指引服务

口岸服务持续提升使得深港两地往来交流愈发紧密频繁

新的时代机遇为口岸通关能力带来了升级挑战。2002年，罗湖口岸开展了旅检查验场地、消防、空气质量提升等三大改造项目。大规模改造后，口岸增加B层为旅检层，实现了查验层"两进两出"的功能布局，查验通道从原来的137条增加到173条，设计通关能力由每天20万人次，提高到每天40万人次。

此外，我们还在解决旅客排队问题上下了大功夫，将蛇形排队改为了分段放行，并在客流高峰期增派人手，疏通混乱拥堵区域。为解决口岸瞬时性客流高峰问题，罗湖边检站还在全国首创实施了蓝色提示线、高峰疏导线"双线"提示并加开通道措施。2005年6月，我国自主研发的旅客自助查验系统投入使用，罗湖口岸正式迈入了"互联互通"的电子化智能通关时代。罗湖口岸年客流量也从建成时预计的2800万人次，增长到了2018年8000多万人次。

这些年，随着深港两地人员、经贸往来日益频繁，往来旅客所携物品的变化也很大。90 年代初，从香港回来的人常常会大包小包装着各类衣服、旧家电、日常药品，带给内地亲朋，而前往香港的旅客则多数都带着家乡的土特产。相比之下，现在内地的年轻人不再满足于单一的购物消费需求，多会选择文旅消费，譬如去香港爬山看海，或去听演唱会、去博物馆看展等。不少港人则开始到内地买东西，抑或和亲朋好友在深圳罗湖这边的茶楼、餐厅喝茶吃饭。罗湖口岸与东门、万象城等地，构成了港人在罗湖消费的"金三角"。

罗湖口岸有厚重历史沉淀，我希望未来罗湖口岸能不断优化各项配套设施，美化周边环境，为过境旅客打造更加舒适、快捷、现代化的通关环境，更好地发挥内地与香港的桥梁枢纽作用，进一步便利两地居民往来交流，为深圳罗湖乃至整个大湾区的繁荣发展提供更多可能。

李长兴

口述时间
2023 年 5 月 11 日

口述地点
深圳河鹿丹村段

李长兴

口述者

Li Changxing

1956年出生，陕西人，工学博士，国务院政府特殊津贴专家，曾任深圳市水务局副局长、党组成员，系深港联合治理深圳河工作小组成员。于1995年至2015年期间，主持参与深港联合治理深圳河一、二、三期工程建设，推动了四期工程的动工建造。

深圳河是深港界河，全长 37 公里，连通汇聚着深圳、香港两地 8 条支流，自东北向西南汇入深圳湾。深圳河哺育了深港两地勤劳的人民，见证了深圳经济特区起飞和香港回归。

　　由于河床狭窄、河道蜿蜒，加上海潮影响，洪水宣泄不畅，历史上深圳河两岸经常洪涝成灾，加之一河两岸经济发展和城市化步伐的加快，深圳河一度水患横生、污染严重。20 世纪 80 年代受灾损失逐年加大，治理深圳河不仅成为深港两地人民的强烈愿望，也成为深港两地政府的共识。

李长兴：
一河水脉融汇深港两地情谊，
深圳河治理凝聚三代人心血

为深圳河治理专程南下，
工作第一站是罗湖区渔民村工地办公室

我是陕西西乡人，1995 年来到深圳，在此之前是一名大学教师。

我本科和研究生学的都是水利工程专业，在学校里也教授该方向的课程，但我一直期待有一个机会，可以让积累多年的专业知识在实践中发挥更大价值。于是，当在深圳工作的兄长告诉我深圳河治理工程正在全国范围内招人时，我心动不已，立即赶来深圳参加面试。因为专业对口，我顺利通过了面试，自此开启了与深港联合治理深圳河工程长达 20 多年的不解之缘。

二十世纪八九十年代，深圳河水患横生、污染严重，每当遇到台风暴雨天气，暴涨的河水会漫灌到当时的深圳市中心区——罗湖。尤其在罗湖口岸一带的低洼地，更是一片汪洋，连同深圳河沿岸香港上水、新田地区，也是"水漫金山"。因此，深圳河的治理对深港两地来说都有着直接影响。

为解决这一问题，1982 年 4 月，深港双方克服体制机制、技术规范的难题，开创不同制度、不同法律观念的两个地方政

深港联合治理深圳河一期工程开工典礼

府联合治理界河的先例，组成了联合工作小组。

1995年，正是我来到深圳工作的那一年，深港双方按照蓝图联合开展一期工程建设，主要对料壆和落马洲两个弯段裁弯取直，使水流更加顺畅，以减轻排洪压力。

报到当天，我直接来到治理深圳河办公室——罗湖区渔民村工地上，一个临时的办公点。我记得很清楚，推开办公室的门，便是深圳河，而深圳河给我的第一印象，只能算得上是"一条小水沟"：有河道的形态，但是水量少，有污水，两边杂草丛生，很难看出来是一条河。

当时一期工程已经开工了，我担任深圳市治河办副主任与深港联合治理深圳河技术小组深方组长。根据治河办班子分工，由我全面主持二期工程前期工作，并安排两位年轻同事同我一起开展工作。一方面，我们需要实地了解水情，观测不同水情下的泥沙含量等情况，通过水文监测收集基础数据，从而评估我们的设计方案。另一方面，还要制作标书开展工程招投标等工作，每当香港的同事发来参考资料，我们三人便按照分工，一人翻译，一人打字，我负责校对，从编写、输入、复印到装

大禹水利科技奖（左）和深圳市科学技术进步奖（右）获奖证书

订整个过程全由我们自己完成。

深圳河联合治理工程是国内第一个全过程进行环境影响评估、环境监察及审核的水利工程。在当时的工程建设中，深港双方都特别注重新技术、新工艺、新材料的应用，并将"生态优先"、环境评估及监察、生境恢复等贯穿治河工程始终，不仅节省了工期，降低了造价，还实现了良好的环保效益。

深圳河下游平原地带地质岩性复杂多变，有最深达 20 余米的淤泥质土层，含水量高、压缩性高、强度及承载力低。在治理过程中，我们创新应用了"软弱地基大面积真空预压处理技术"、河道防护和软基处理中土工合成材料、背拉式地下连续墙、污染土固化、加筋挡土墙等，其中软基处理技术、加筋挡土墙技术获得了大禹水利科技奖，土工合成材料综合应用获得了深圳市科学技术进步奖。

两地携手治理，谱写深港合作新篇章

1997 年 4 月 18 日，为了喜迎香港回归祖国，在深港两地所有工作人员的努力下，一期工程提前一个月完工。香港回归后，深圳和香港的关系变得更加亲密。

我始终记得香港渠务署原高级工程师张少猷先生。那时我们需要在深圳河防洪安全方面进行沟通，因此我们的工作对接非常频繁，也成了很好的工作伙伴。

有一次突发暴雨，当时我还在家里，电话突然响了，一接听，竟然是张先生从香港打来的。电话里，他转达了港方希望我们同步水库泄洪有关信息的愿望，以便共同做好必要的应对之策。于是，我当即向上级汇报，第一时间联络处理，有关方面也向港方即时通报了当天深圳水库的降雨及泄洪的情况。

这件事给我留下深刻印象，一方面是体会到了双方工作人员为了保障深圳河两岸百姓生命安全竭心尽力；另一方面，也真真切切地感受到了深港两地一衣带水、血脉相连的关系。

有一个有意思的细节，当年庆祝一期工程完工的现场，正是在二期工程的工地范围，一期工程完工和二期工程开工典礼同时、同地进行，我们紧锣密鼓，一期接着一期干。

二期工程于 1997 年 5 月顺利开工，主要工作包括将罗湖桥以下一期工程之外的其他河段拓宽，挖深，构筑河堤，兼顾生态补偿。三期工程于 2001 年 12 月开工，将罗湖桥以及罗湖桥以上到平原河口段，拓宽挖深，改管建桥，并对罗湖铁路桥、罗湖行人桥、文锦渡桥、东江供水管等跨境设施进行改建。2013 年 8 月，四期工程开工，2017 年 7 月完工，主要解决深圳河上游防洪问题，保障莲塘／香园围口岸的使用安全。

其中，三期工程的建设，对于深方来说更有难度，我们需要保护的建筑物与公共设施范围更多一些。当时，我们和港方技术小组成员一起，在三期工程涉及的河段一段一段走，一段

三期工程治理前后对比

一段看，逐段讨论、协商。通过主动沟通，加之一、二期工程愉快合作的基础，三期工程得到港方极大的理解和支持，工程开展十分顺利。经过三期工程治理后，深圳河干流的防洪标准提高到双方共同设计的 50 年一遇。

治河工程完工后，深圳河成功应对了多次洪水和风暴潮考验。无论是 2018 年 "8·29" 暴雨洪水，还是 2017 年 "天鸽"、2018 年 "山竹" 台风，深圳河两岸均未发生严重的洪涝灾害，深圳河治理工程发挥了显著的防洪减灾效益，有效保障了深港两地经济社会平稳发展。

在一线工作，方法总比困难多。在我们深港双方的工作中，一切都是可以商量与沟通的，从初期烦琐的会议流程，到后面发传真、电话联系，再到同走一条河，同围一张桌，我们朝夕相处，越来越融洽，也越来越有默契。

可以说，深圳河的治理也是特定历史时期下采用不同社会制度的两地政府齐心治理一条界河的成功典范。最特别之处，就是在于克服了不同社会制度、不同法律体系、不同工作方式等困难，共建了一套行之有效、特色鲜明的合作模式和运行机制。

罗湖桥整体拆移那晚通宵达旦，
列车顺利通过后才睡上一个安稳觉

从 1982 年开启谈判开始，深港联合治理深圳河至今已然走过 40 个春秋。深圳河从水患横生、污染严重，变身为今天水清岸绿、鱼翔浅底的生态河流，我是见证者，更是参与者。在我的心目中，深圳河治理系列成果中最具标志性的，当数罗湖桥改造。

2003 年，罗湖桥旧桥因桥墩跨度较窄，成为排洪瓶颈，为了解决这个问题，深港双方决定为其更换桥身，包括拓宽、挖深河道，新建桥基、桥台，置换桥梁等。考虑到罗湖桥是当时联结香港和内地的唯一的一座铁路桥，功能作用举足轻重，新旧桥梁置换虽迫在眉睫，但工期不宜太长。经过多轮评估商议，我们考虑了桥梁置换的方方面面，尽可能地推演施工过程中可能遇到的各种问题，同时向铁路部门请求帮助，最终争取到了 9 个小时的时间。

时间紧张，所有工作人员更是不敢出丝毫差错。2003 年 9 月 28 日，罗湖桥旧桥桥梁按照施工步骤成功平移 18 米，而后整体拆移并安置在香港一侧梧桐河畔永久保存。当晚，要根据既定计划实施新桥桥梁的移位和安置工程，夜已深，现场却灯火通明，百余名一线工人紧锣密鼓地施工，场面很是壮观，最

四期工程治理前后对比

后成功在限定时间内完成了新旧桥替换。

施工结束后，深港两地工程技术人员一起在现场等待通车。当亲眼看见第一列火车从铁路新桥安全通过后，我们这才长舒了一口气——因为，终于能够回去睡一个安稳觉了。

一条河，凝结了几代人的期望，经过了三代人的努力，最终再现生机。2019 年，深圳河水质达到自 1982 年有监测数据以来的最好水平。如今，深圳河河道宽阔，堤坝护坡整齐流畅，在防洪、航运、生态各方面都取得明显成效，这是深港双方同心协力、并肩前行的生动写照。

深圳河的联合治理，不但大大降低了沿河两岸水浸风险，还为新口岸的建设发展提供了安全稳固的前提基础。未来，希望深圳河能进一步成为深港双城融合发展的纽带，令两地人民交往交融更加顺畅紧密。

吕平

口述时间
2023 年 3 月 16 日

口述地点
文锦渡口岸

口述者

吕平

Lü Ping

1962 年出生于北京，1994 年来到深圳，文锦渡出
入境边防检查站原站长、全国特级优秀人民警察、
罗湖区第五届政协委员、罗湖政协委员公益基金管
理委员会执行委员。

"

　　我是罗湖区第五届政协委员吕平，同时也是一名正在学习中的公益人。我出生成长在北京，后来跟我先生来到深圳，自2013年调到文锦渡边检站工作后就一直扎根罗湖。2016年我有幸当选为罗湖区第五届政协委员，2017年当选为罗湖政协委员公益基金（以下简称"委员基金"）管理委员会执行委员，参与和见证了委员基金的成立和发展。

"

吕平：
全国首个政协委员公益基金在罗湖成立

一条微信，推动全国首个政协委员公益基金成立

委员基金的成立，要从一条微信说起。

2017 年区两会前夕，政协委员微信群里发来一条紧急求助信息，一位政协委员所在医院有一位 19 岁的病危少女，因为出不起钱决定放弃治疗。无论医生们怎么劝说，当事人想法却很决绝。"我捐五万！"当下就有政协委员秒回，之后其他政协委员也纷纷响应。因为大家的帮助，一个鲜活的生命得以挽救，女孩最终也顺利康复。

说实话，这件事给了我们很大触动，也是受此启发，罗湖区政协委员群体就提议成立一个公益基金。这个想法也得到了区政协领导的支持。当年，在罗湖区政协指导下，全国首个由政协委员自主发起、自主管理、自主运作的公益基金成立。基金设立在罗湖区慈善会下，我有幸担任基金管理委员会执行委员一职。

委员基金资助的公益项目，最初是委托罗湖区民政局的社会创新空间进行全市征集并全程监测，通过现场答辩、专家评审、网上投票、委员意见以及尽职调查等环节确定，每年平均

罗湖政协委员公益基金启动仪式

资助五到六个项目。其中，"智力残疾就业职业展能计划——喜憨儿洗车中心"项目，给我留下深刻印象。

这是委员基金运作的第一年，在全市广泛征集甄选的 90 多个项目中排名第一的项目，资助的是一家特殊的洗车中心，旗下员工都是喜憨儿。喜憨儿是心智障碍者的通称，包括孤独症、唐氏综合征、智力障碍、脑瘫等患者。虽然名称中带有喜字，但有一个患心智障碍的孩子对一个家庭来讲是沉重的。

该洗车中心的创始人曹军本身是一位喜憨儿的父亲。他曾无数次思考，自己和太太"百年"后，儿子由谁来照顾呢？由自己的孩子想到面临同样处境的家庭，为了让这些孩子融入社会，能够独立养活自己，曹军联合九位喜憨儿的家长一起创办了这家特殊的洗车中心。

除了资金方面的资助，委员们时常会去看望孩子们。在探望过程中，一些细节很打动我。心智障碍通常伴随一些执拗的

"喜憨儿洗车中心"是罗湖政协委员公益基金资助项目中的一个典型

行为习惯，这些孩子中有的只喜欢画圈擦，他就擦洗车轮；喜欢横着擦的，就负责擦车窗；有的孩子喜欢摸高，车顶就交给他来擦。通过这种量身定制的工作分工和团队作业模式，他们能把一辆车擦得非常干净。这份工作不仅给他们创造了收入，也使他们获得了一份尊重，在社会中实现自我价值，同时，也让委员们看到公益慈善的强大力量。

当时，我们在调研了深圳有近 500 名心智障碍者有相关就业需求后，还形成了《关于设立中国"喜憨儿洗车"项目示范点的提案》，推动全社会关注喜憨儿就业问题，多位政协委员在项目实施过程中全程陪伴，在项目结束后的两三年里，也一直在为喜憨儿就业问题鼓与呼。

可喜的是，在全社会的关爱下，广东省残疾人联合会发布文件，在广东复制"喜憨儿洗车"项目，中国残疾人联合会也支持在全国范围内推广"喜憨儿洗车"，目前全国已有 31 家这样的洗车中心，为 400 多个喜憨儿提供了通过劳动创造自我价值的机会。

委员智慧助力民生，政协提案撬动公益

公益慈善，除了帮助身心处于困境中的人，让他们能被看见、被扶起、被赋予力量，更是一种双向成长，多方共赢，让社会文明得以提升。

对于委员基金的探索和发展，西湖教育基金会理事长、中国文化书院院长陈越光这样评价："这不仅对于中国公益界的发展是重要的，对于中国社会治理的发展同样是重要的。"

在我看来，委员基金之所以能产生如此大的社会效应，离不开以下几点：

一是认知的深化。这些年下来，我有一个很深的体会，公益是一个专业性非常强的事业，不是单靠愿望和金钱就可以做好的。为了运用现代公益的专业方法来管理运作委员基金，我们遍访名师，邀请全国公益慈善领域专家做顾问，从基金的管理运作到项目甄选、资助、监测、评估，从提案转化、政策倡导到公益生态营造，都由专家、专业机构协助指导。

二是善款的使用。委员基金的善款是由第五、六届近 500名政协委员个人捐出的，众多委员连续 7 年捐款，7 年间共有 1100 人次进行了捐赠，少则几千、多则百万，体现了人人公益、人人参与的现代公益慈善精神。如何用好这笔资金，我们摸索出两条经验，一是严格按照基金管理办法，在基金服务范围内

使用资金，做到每一笔善款的收支都公开透明；二是运用现代公益的管理理念和方法，严格按照其规范程序和流程来资助项目和使用善款。

三是让委员成为基金的主体。委员基金创立七年来，在区政协第五届、第六届领导的高度重视下，基金工作已融入政协工作机制中，形成了程序化、规范化、制度化的政协工作品牌，也为全国政协系统探索了一个新的委员履职平台，具有独特的实践价值。

为了做好委员基金，我们还考察研究了不同类型基金的特点。相对于企业公益、家族公益和个人公益，委员基金突出了"集体公益"，因为捐赠人都有一个共同的身份——罗湖区政协委员。

罗湖政协委员参与社会治理经验分享

一方面，参政议政是每一位政协委员的职责所在，政协委员的"集体身份"，使得委员基金从一开始成立就有清晰的目标——探索如何让政协在社会治理中发挥更加重要的作用。对内，委员基金有很强的集体文化认同感和内部驱动力；对外，委员基金也成了积极培育促进罗湖本土公益慈善事业发展的创新要素。

另一方面，政协委员都是来自各领域的专业人士，具备各自领域较好的专业能力和影响力，这是一笔特别宝贵的资源。解决社会问题往往需要"多视角、跨领域、多元协作"完成，委员基金捐赠人天然就已具备并构成了这一属性。

在委员基金的运作过程中，委员们出钱——捐款；出席——参加委员基金的项目监测、评审和各种活动；出心——情牵基金，做走心的公益，用心长期陪伴受助人和资助项目；出力——深入一线，对长期帮扶的困难对象给予助学、助医、心理援助等各种帮扶；出智——把公益慈善项目转化为提案。这"五出"的背后都是实实在在的行动和数据。

从 2017 年到 2023 年，委员们陪伴资助项目，就像带孩子一样精心。其间，每次都有政协领导班子带队，全体委员身体力行，到项目现场去，全过程参与、督导、监测、打磨公益项目落地。长期的陪伴，让委员捐赠人和受助方连接紧密，成了好朋友。

"善举"推动"善策"，成就"善城"

这些年，我也听过这样的疑问，委员公益基金的捐助人都是罗湖区政协委员，他们的身份会不会在客观上限制了能募集到的捐款数额？我想，数额大小不是评价慈善基金的唯一标准，相较其他公益基金，委员基金最具特色的一点，就是它能把公益慈善项目转化为政协委员提案。

一般来说，公益项目都是为了解决某一个社会问题而设立的。一旦能形成提案，该项目就可能完成"由点到面"的飞跃，其背后的社会问题就有更大可能得到政策层面的解决。委员基金充分依托罗湖区政协政治协商的作用，把做公益要解决的社会问题，通过参政议政的方式，转化为政府的决策，进而为解决社会问题提供了长久制度保障。

概括起来说，就是善举、善策、善城——通过政协委员捐款"善举"，借助参政议政的职责将优秀公益项目转化为"善策"，从而打造"善城"，让深圳这座城市更加美好。与此同时，委员基金是委员奉献爱心的慈善平台，也是委员提升自我的成长平台，更是委员了解民情反映民意，为民议政进阶版的履职平台。

"风雨兰"公益徒步

委员基金目前已走过了 7 年，截至目前共筹集善款 1100 多万元，具体实践当中不仅有公益 1.0 的传统慈善，即政协委员对罗湖辖区困难家庭进行面对面探访慰问，还延伸到对口帮扶地区，为那里的孩子们建图书室、购买校服等。同时，我们还委托专业机构面向全市开展公益创投、项目资助，共资助项目 23 个，从项目中产生了 22 个政协提案，涉及校园儿童安全、青少年禁毒、残障人士就业、儿童友好城市建设等 7 大领域，这是公益 2.0 阶段。

另外，我们还在公益 3.0 阶段探索政策倡导、社会多元协作、公益生态营造等。其中，2020 年委员基金品牌项目"风雨兰——大爱罗湖·风雨同舟"行动计划荣获第五届鹏城慈善奖。

深圳国际公益学院首任院长王振耀教授的一段评价，让我们备受鼓舞。"罗湖政协委员公益基金虽然只有 400 多万（2017年数据），但因为你们作为政协委员有提案建议资格，所以基金可以、能够，且必将发挥的是'四个亿'的作用！"

委员基金数额不大，成果有限，但它是在全体委员和社会各界爱心人士的共同努力下建立在政协平台之上的委员公益发展新模式，实现了"有温度的政协，出提案的公益"。我想，这正是政协公益的意义所在。